Guia Prático para a Prosperidade Diária

-Baseado em "O Homem Mais Rico da Babilônia"-

Todos os direitos reservados.

Este Guia Prático para a Prosperidade Diária, baseado no livro "O Homem Mais Rico da Babilônia", foi escrito por Willian Bouviet e é protegido por direitos autorais. Nenhuma parte deste guia pode ser reproduzida, armazenada em sistema de recuperação ou transmitida de qualquer forma ou por qualquer meio eletrônico, mecânico, fotocópia, gravação ou outro, sem a permissão prévia por escrito do autor.

Este guia é baseado no livro "O Homem Mais Rico da Babilônia" escrito por George S. Clason. Todos os direitos do livro original pertencem ao autor e editor original. O conteúdo deste guia é uma interpretação e aplicação prática dos princípios e ensinamentos apresentados no livro original.

As marcas registradas mencionadas neste guia pertencem aos seus respectivos proprietários.

Dados Internacionais de Catalogação na Publicação (CIP)
(Câmara Brasileira do Livro, SP, Brasil)

Bouviet, Willian
    Guia prático para a prosperidade diária :
baseado em "O homem mais rico da babilônia" /
Willian Bouviet. -- Encruzilhada do Sul, RS :
Ed. do Autor, 2023.

    ISBN 978-65-00-71234-6

    1. Dinheiro - Administração 2. Educação
financeira 3. Finanças pessoais 4. Prosperidade
I. Título.

23-159620   CDD-332.6

Índices para catálogo sistemático:

1. Educação financeira : Economia   332.6

Tábata Alves da Silva - Bibliotecária - CRB-8/9253

ISBN nº 978-65-00-71234-6

Agradecemos sua compreensão e respeito pelos direitos autorais deste guia.

Willian Bouviet,
26 de Maio de 2023.

Sumário

Prefácio:

Este guia foi projetado para ser um companheiro de jornada, oferecendo orientações claras e práticas enquanto você aplica os princípios do livro em sua vida cotidiana. Lembre-se de que a transformação financeira não acontece da noite para o dia, mas com dedicação, comprometimento e ação consistente, você estará no caminho certo para alcançar a prosperidade que almeja.

Estamos ansiosos para acompanhá-lo em sua jornada rumo à prosperidade diária. Vamos começar a transformar sua vida financeira hoje mesmo!

Agradecimentos:

Primeiramente, gostaria de agradecer à Deus, por ser Eu Sou, por tudo o que tenho e, por tudo que virei à ter.

Agradecer à mim mesmo, por não desistir de mim, nos momentos sombrios, os quais permitiram moldar quem hoje Eu Sou.

Agradecer à minha Família, minha Esposa e, meu Filho, por servirem de inspiração à mim, levando-me a buscar o melhor a cada novo dia.

Eu Sou, a Grande Fraternidade Branca.

Introdução ao guia e seu propósito:

Bem-vindo ao "Guia Prático para a Prosperidade Diária - Baseado em 'O Homem Mais Rico da Babilônia'". Este guia foi criado com o propósito de ajudar você a aplicar os princípios intemporais e sábios apresentados no clássico livro de George S. Clason em sua vida cotidiana.

"O Homem Mais Rico da Babilônia" nos transporta para uma época antiga, onde personagens enfrentam desafios financeiros semelhantes aos que encontramos nos dias de hoje. Suas jornadas e experiências nos ensinam lições valiosas sobre como lidar com dinheiro, construir riqueza e alcançar a prosperidade financeira.

Este guia prático foi desenvolvido para ajudá-lo a aplicar os princípios do livro de forma tangível e prática em seu dia a dia. Ele irá fornecer orientações passo a passo, estratégias acionáveis e exemplos reais que o auxiliarão na busca da prosperidade financeira.

Nossa intenção é capacitar você a tomar melhores decisões financeiras, desenvolver hábitos saudáveis em relação ao dinheiro e transformar sua situação financeira para melhor. Com base nos sete princípios fundamentais apresentados em "O Homem Mais Rico da Babilônia", este guia abordará os aspectos essenciais da gestão financeira pessoal, do investimento inteligente e do desenvolvimento de habilidades valiosas.

Você descobrirá como criar um orçamento eficaz, poupar regularmente, reduzir dívidas e investir seu dinheiro de maneira inteligente.

Também exploraremos a importância do autodesenvolvimento e do empreendedorismo, além de fornecer dicas práticas para melhorar sua renda e aproveitar oportunidades de negócios.

À medida que você avança neste guia, encorajamos você a refletir sobre suas próprias circunstâncias financeiras, definir metas claras e aplicar as estratégias apresentadas em sua vida diária. Lembre-se de que a mudança financeira requer comprometimento, persistência e ação consistente.

Este guia prático é um convite para você embarcar em uma jornada de autotransformação financeira. Estamos confiantes de que, ao seguir os princípios e as orientações apresentados aqui, você estará mais bem equipado para alcançar a prosperidade e a segurança financeira que tanto deseja.

Prepare-se para descobrir os segredos da riqueza, explorar as histórias inspiradoras da antiga Babilônia e, acima de tudo, aplicar esses ensinamentos em sua vida para criar um futuro financeiro mais brilhante.

Estamos animados para acompanhá-lo nessa jornada rumo à prosperidade diária. Vamos começar!

Breve resumo do livro "O Homem Mais Rico da Babilônia":

"O Homem Mais Rico da Babilônia" é um livro clássico de autoria do escritor George S. Clason. Publicado pela primeira vez em 1926, o livro apresenta uma série de parábolas e histórias ambientadas na antiga Babilônia, com o objetivo de transmitir princípios financeiros sólidos e atemporais.

A obra gira em torno de uma série de personagens fictícios que enfrentam desafios financeiros e buscam maneiras de melhorar suas situações econômicas. O livro transmite lições práticas sobre como lidar com dinheiro, construir riqueza e alcançar a prosperidade financeira.

Ao longo do livro, são apresentados sete princípios fundamentais para a conquista da riqueza:

1. *Comece a guardar parte de seus ganhos.*
2. *Controle suas despesas e evite dívidas.*
3. *Faça seu dinheiro trabalhar para você, investindo-o sabiamente.*
4. *Proteja seu investimento e busque conselhos de profissionais confiáveis.*
5. *Cultive habilidades valiosas para aumentar sua renda.*
6. *Seja um empreendedor inteligente e procure oportunidades de negócios.*
7. *Aja com prudência e evite decisões financeiras arriscadas.*

As parábolas apresentadas no livro ilustram esses princípios de forma cativante, mostrando como as pessoas comuns da Babilônia aplicaram esses ensinamentos em suas vidas para alcançar a riqueza e a liberdade financeira.

"O Homem Mais Rico da Babilônia" tem sido amplamente elogiado como uma fonte de sabedoria financeira atemporal, e suas lições continuam relevantes até os dias de hoje. O livro oferece orientações práticas e inspiradoras para aqueles que desejam melhorar sua situação financeira, fornecendo um caminho claro para alcançar a prosperidade e a segurança financeira por meio do gerenciamento sábio do dinheiro.

Como este guia irá ajudar os leitores a aplicar os princípios do livro em sua vida cotidiana:

Este guia prático tem como objetivo ajudá-lo a traduzir os princípios poderosos apresentados em "O Homem Mais Rico da Babilônia" em ações tangíveis e aplicáveis à sua vida diária. Sabemos que, muitas vezes, é desafiador entender como aplicar conceitos abstratos em situações concretas, e é exatamente aí, que este guia se destaca.

Ao longo deste guia, forneceremos explicações detalhadas, exemplos concretos e estratégias práticas que o auxiliarão na aplicação dos princípios do livro em sua vida financeira cotidiana. Você encontrará uma abordagem passo a passo, projetada para tornar a jornada em direção à prosperidade financeira mais acessível e alcançável.

Nós lhe ajudaremos a:

- Compreender e incorporar os sete princípios da riqueza em suas decisões financeiras diárias.
- Criar um orçamento eficaz que permita o controle de suas despesas e o aumento de suas economias.
- Desenvolver estratégias para eliminar dívidas e lidar com empréstimos de maneira inteligente.
- Identificar e aproveitar oportunidades de investimento que estejam alinhadas com seus objetivos financeiros.

- Desenvolver habilidades valiosas que possam aumentar sua renda e criar oportunidades de crescimento profissional.
- Cultivar uma mentalidade empreendedora que o ajudará a reconhecer e aproveitar oportunidades de negócios.
- Aplicar as lições do livro em seu relacionamento com o dinheiro e na busca de um futuro financeiro mais estável e próspero.

Este guia não se trata apenas de teoria, mas também de ação de sua parte, caro leitor, pois esse, é nosso desejo, lhe trazer para ação e condução de sua vida por um caminho próspero.

Nosso objetivo é capacitá-lo a transformar conhecimento em prática, dando-lhe as ferramentas e o apoio necessário para tomar decisões financeiras mais informadas e conscientes.

Queremos ajudá-lo a construir uma base sólida para a prosperidade diária, onde você possa colher os benefícios de uma gestão financeira eficaz e alcançar seus objetivos de longo prazo.

1. Os Sete Segredos da Riqueza

Esses sete segredos da riqueza, apresentados aqui neste guia prático baseado em "O Homem Mais Rico da Babilônia", fornecem uma estrutura sólida para construir uma base financeira saudável e buscar a prosperidade diária.

Ao aplicar esses segredos em sua vida cotidiana, você estará no caminho para alcançar uma vida financeira mais próspera e segura.

1. ***Comece a guardar parte de seus ganhos:***

   O primeiro segredo da riqueza é desenvolver o hábito de economizar uma parte de seus ganhos regularmente. Este segredo enfatiza a importância de pagar a si mesmo primeiro e estabelecer uma reserva financeira para enfrentar emergências e oportunidades futuras.

Este princípio fundamental enfatiza a importância de economizar uma parte de seus ganhos regularmente como base para construir riqueza e garantir uma vida financeiramente estável.

Vamos explorar estratégias específicas para ajudá-lo a implementar esse princípio em sua vida diária;

A. *Compreender a importância da poupança:* Vamos começar abordando a importância da poupança como um hábito fundamental para alcançar a prosperidade financeira. A prática consistente de poupar parte de seus ganhos pode levar a benefícios significativos a longo prazo, como a construção de um fundo de emergência, a realização de metas financeiras e a criação de uma base sólida para o futuro.

B. *Estabelecer metas de poupança:* Para ajudá-lo a manter-se motivado e comprometido com a poupança, é importante estabelecer metas financeiras claras. Defina metas realistas e alcançáveis, bem como, a criação de um plano para alcançá-las. Além disso, acompanhe seu progresso e   ajuste suas metas, se necessário.

C. *Criar um orçamento eficaz:* Um orçamento eficaz é essencial para controlar suas despesas e liberar recursos para a poupança. Crie um orçamento que se adapte às suas necessidades e prioridades financeiras. Aborde tópicos como categorização de despesas, identificação de áreas para   economia e estabelecimento de limites para gastos.

D. *Praticar o "pagar a si mesmo primeiro":* Uma estratégia eficaz para garantir a poupança regular é adotar o princípio de "pagar a si mesmo primeiro". Priorize a transferência de uma porcentagem de seus ganhos para uma conta de poupança antes de lidar com outras despesas. Garanta que a poupança seja uma prioridade constante.

E. *Identificar áreas para economia:* Identifique áreas em sua vida diária onde é possível economizar dinheiro. Reduza despesas em áreas como alimentação, moradia, transporte, entretenimento e compras. Ao fazer ajustes nessas áreas, você poderá liberar mais recursos para a poupança.

F. *Superar desafios e obstáculos:* Sabemos que pode haver desafios ao tentar economizar parte de seus ganhos. Tais obstáculos comuns são, tentações de gastos impulsivos, despesas inesperadas e pressões sociais para gastar. Supere esses desafios e mantenha o foco em seus objetivos de poupança.

Aprender a poupar regularmente é um passo importante em direção à prosperidade financeira e à construção de um futuro seguro e estável.

2. **Controle suas despesas e evite dívidas:**

O segundo segredo destaca a importância de viver dentro de seus meios e controlar suas despesas. Aprenda a diferenciar entre necessidades e desejos, evitando cair na armadilha das dívidas excessivas. Gerencie suas finanças com sabedoria e evite gastar mais do que ganha.

Este princípio fundamental destaca a importância de controlar suas despesas e evitar dívidas desnecessárias para alcançar a prosperidade financeira. Vamos explorar algumas estratégias específicas para ajudá-lo a aplicar esse princípio em sua vida diária;

A. *Conscientização financeira:* Vamos começar desenvolvendo uma maior consciência financeira, entenda seus hábitos de gastos atuais e identifique áreas em que pode melhorar. Mantenha sempre em mente a importância de acompanhar suas despesas, manter registros financeiros claros e estabelecer metas para o controle de gastos.

B. *Criação de um orçamento realista:* Um orçamento é uma ferramenta essencial para controlar suas despesas. Busque criar um orçamento realista que leve em consideração suas receitas e despesas mensais. Estabeleça prioridades financeiras, identifique gastos supérfluos e garanta que suas despesas estejam alinhadas com seus objetivos financeiros, caso contrário, está na hora de reformular um pouco sua vivência.

C. *Diferença entre necessidades e desejos:* Importante distinguir necessidades e desejos ao fazer compras e tomar decisões de gastos. Priorize suas necessidades, evite compras impulsivas e comece a tomar decisões financeiras mais conscientes.

D. *Estratégias de economia:* Para ajudá-lo a controlar suas despesas, monte estratégias de economia que você pode aplicar em sua vida diária. Essas estratégias podem incluir pesquisar preços, comparar opções antes de fazer uma compra, aproveitar promoções e descontos, entre outras.

E. *Gerenciamento de dívidas:* O que deve ser de suma importância para você, é gerenciar suas dívidas de forma responsável. Crie estratégias para evitar dívidas desnecessárias, como usar crédito com sabedoria, pagar suas contas em dia e evitar o acúmulo de juros. Busque orientações sobre como lidar com dívidas existentes com profissional da área, como criar um plano de pagamento e negociar com credores, se necessário.

F. *Desenvolvimento de uma mentalidade frugal:* Cultivar uma mentalidade frugal é fundamental para controlar suas despesas. Ser frugal, nada mais é do que gastar *moderadamente* com bens supérfluos e focar em usar seu dinheiro em prol do que realmente importa para si. Sempre tenha em mente a importância de adotar uma abordagem consciente e disciplinada em relação ao dinheiro, valorizando a economia e evitando gastos excessivos. Evite o consumismo e busque alternativas mais econômicas.

Com o advento da internet, utilize esta ferramenta a seu favor, busque por palestras, reportagens, blogs, referente a exemplos reais, para ajudá-lo a tomar decisões financeiras mais conscientes, evitando dívidas desnecessárias e alcançando uma vida financeira saudável e próspera.

3. **Faça seu dinheiro trabalhar para você, investindo-o sabiamente:** O terceiro segredo enfoca a importância de fazer seu dinheiro trabalhar para você, em vez de trabalhar apenas pelo dinheiro. Aprenda sobre diferentes opções de investimento, como ações, títulos e imóveis, e tome decisões informadas para aumentar seu patrimônio líquido a longo prazo.

Este princípio fundamental destaca a importância de fazer seu dinheiro trabalhar para você, investindo-o de forma inteligente, a fim de alcançar a prosperidade financeira. Como aplicar esse princípio em sua vida diária;

A. *Compreenda a importância dos investimentos:* Comece reconhecendo a importância dos investimentos como uma maneira eficaz de fazer seu dinheiro crescer ao longo do tempo. Estude como os investimentos podem gerar renda passiva, aumentar seu patrimônio líquido e proporcionar oportunidades de crescimento financeiro.

B. *Busque conhecimento sobre diferentes tipos de investimentos:* Busque, estude, *"sempre"* diferentes tipos de investimentos disponíveis, como ações, títulos, fundos mútuos, imóveis e investimentos alternativos. Busque sempre compreender os prós e contras de cada tipo de investimento, bem como as considerações a serem feitas ao escolher as melhores opções para você.

C. *Defina metas de investimento:* Para ajudá-lo a investir sabiamente, é importante estabelecer metas financeiras claras e realistas. Caso você ache difícil, fazer por conta própria, busque a opinião/auxílio de um profissional da área, para que assim, possa lhe dar orientações sobre como definir metas de investimento de curto, médio e longo prazo.

D. *Educação financeira e pesquisa:* Antes de fazer qualquer investimento, é essencial obter educação financeira adequada e conduzir pesquisas detalhadas. É primordial entender os conceitos básicos de investimento, para que você possa analisar o desempenho passado dos ativos, avaliar os riscos e recompensas potenciais, bem como acompanhar as tendências e notícias financeiras relevantes, assim, sempre que possível, estude ou leia algo referente esta área, para estar sempre por dentro das novidades do mundo dos investimentos.

E. *Diversificação de investimentos:* A importância de diversificar os investimentos é uma estratégia para reduzir riscos e maximizar retornos. Explore como distribuir seus investimentos em diferentes classes de ativos, setores e regiões geográficas, a fim de criar um portfólio equilibrado e resiliente.

F. *Acompanhamento e ajuste do portfólio:* Investir sabiamente requer monitoramento regular e ajuste do seu portfólio de investimentos. Acompanhe o desempenho de seus investimentos, faça ajustes conforme necessário e aproveite oportunidades para otimizar sua estratégia de investimento.

G. *Controle emocional e paciência:* Investir requer controle emocional e paciência para enfrentar flutuações do mercado e resistir a impulsos de compra e venda baseados em emoções. Aborde estratégias para tomar decisões de investimento objetivas, controle a ansiedade e mantenha a disciplina financeira a longo prazo.

É importante fazer seu dinheiro trabalhar para você, investindo-o com sabedoria para alcançar a prosperidade financeira.

Comece entendendo a importância dos investimentos e pesquise diferentes opções disponíveis, como ações, títulos e imóveis.

Defina metas de investimento realistas e busque educação financeira adequada.

Diversifique seus investimentos para reduzir riscos e acompanhe regularmente o desempenho do seu portfólio.

Tenha controle emocional e paciência para lidar com as flutuações do mercado.

Lembre-se de que investir sabiamente requer disciplina e uma abordagem de longo prazo.

4. ***Proteja seu investimento e busque conselhos de profissionais confiáveis:***
   O quarto segredo destaca a necessidade de proteger seus investimentos e buscar orientação de profissionais confiáveis. Procure especialistas financeiros experientes, como consultores ou planejadores financeiros, para ajudá-lo a tomar decisões sábias em relação ao seu dinheiro, até porquê, você não buscará conselhos de como investir seu dinheiro, com alguém que está afundado em dívidas.

Este princípio fundamental destaca a importância de proteger seus investimentos e buscar orientação de profissionais confiáveis para tomar decisões financeiras informadas. Vejamos algumas maneiras de que irão poder lhe ajudar a aplicar esse princípio em sua vida diária;

A. *Avaliação dos riscos:* Avalie cuidadosamente os riscos associados aos seus investimentos. Identifique e compreenda os riscos específicos de cada investimento, bem como, as medidas que você pode tomar para mitigar esses riscos.

B. *Diversificação de investimentos:* Como mencionado anteriormente, a diversificação de investimentos é essencial para proteger seu investimento. Voltamos a enfatizar a importância de distribuir seu dinheiro em diferentes ativos e classes de investimento, a fim de minimizar o impacto de possíveis perdas e maximizar a estabilidade do seu portfólio.

C. *Acesso a informações confiáveis:* É crucial buscar informações e fontes confiáveis ao tomar decisões de investimento. Sempre pesquise e acesse informações financeiras confiáveis, incluindo relatórios de empresas, análises de mercado, dados históricos e notícias financeiras de fontes respeitáveis, hoje em dia com a internet, tudo isso, está ao nosso alcance, até mesmo análises mais aprofundadas do mercado, não tenha medo de buscar informação e conhecimento, pois isto é bíblico, João 8:32 "e conhecereis a verdade e a verdade vos libertará".

D. *Educação financeira contínua:* Para proteger seus investimentos, é fundamental continuar aprendendo sobre finanças e investimentos. Busque constantemente aprimorar seus conhecimentos financeiros, assim, você poderá desenvolver uma mentalidade de crescimento financeiro, onde estará aberto a novas estratégias, oportunidades e perspectivas. Isso lhe permitirá se adaptar às mudanças do mercado e aproveitar as oportunidades que surgem, criando uma base sólida para a prosperidade e a segurança financeira ao longo da vida.

E. *Consulta a profissionais financeiros:* Buscar conselhos de profissionais financeiros confiáveis é uma parte essencial da proteção de seus investimentos. Busque orientação de consultores financeiros, planejadores financeiros ou especialistas em investimentos, que podem fornecer insights valiosos e personalizados com base em suas circunstâncias financeiras individuais.

F. *Análise cuidadosa antes de tomar decisões:* Antes de tomar qualquer decisão financeira importante, é essencial realizar uma análise cuidadosa. Considere todas as informações relevantes, avalie os prós e contras, pese os potenciais riscos e recompensas, e tome decisões informadas e fundamentadas.

Em conclusão, proteger seus investimentos e buscar conselhos de profissionais confiáveis é um princípio essencial para garantir que seu dinheiro esteja seguro e trabalhando para você. Além disso, buscar orientação de especialistas financeiros pode lhe poupar de caminhos dolorosos e, ajudá-lo a tomar decisões mais bem informadas.

Lembre-se de que você não precisa ser um especialista em finanças para tomar decisões inteligentes. Com paciência, perseverança e comprometimento em seguir as estratégias apresentadas neste guia, você estará construindo um futuro financeiro mais seguro e próspero.

5. ***Cultive habilidades valiosas para aumentar sua renda:***

   O quinto segredo destaca a importância do autodesenvolvimento e do aprimoramento de habilidades valiosas. Invista em educação, aprenda novas habilidades e esteja sempre atualizado com as demandas do mercado. Quanto mais valiosas forem suas habilidades, maior será seu potencial de ganhos.

Este princípio destaca a importância de desenvolver habilidades valiosas e relevantes para aumentar sua renda e melhorar suas perspectivas financeiras. Vamos explorar estratégias específicas para ajudá-lo a aplicar esse princípio em sua vida diária;

   A. *Identificação de habilidades valiosas:* Identifique habilidades que estejam em demanda no mercado de trabalho ou na área de negócios em que você atua. É importante analisar as tendências do mercado, as necessidades dos empregadores e as habilidades que podem trazer maior valor e oportunidades de crescimento.

B. *Avaliação de habilidades existentes:* É essencial avaliar suas habilidades existentes para identificar aquelas que podem ser aprimoradas e aprofundadas. Faça uma autoavaliação honesta de suas habilidades, pontos fortes e áreas de melhoria, a fim de estabelecer uma base sólida para o desenvolvimento de novas habilidades.

C. *Investimento em educação e treinamento:* Para cultivar habilidades valiosas, é necessário investir em educação e treinamento. Invista desde cursos formais até recursos online gratuitos, que podem ajudá-lo a adquirir conhecimentos e habilidades relevantes para o seu campo de atuação.

D. *Desenvolvimento contínuo:* O desenvolvimento de habilidades é um processo contínuo. Enfatizo a importância de buscar oportunidades de aprendizado contínuo, como participar de workshops, conferências, seminários ou grupos de estudo, a fim de aprimorar constantemente suas habilidades e se manter atualizado com as tendências do mercado.

E. *Aplicação das habilidades no trabalho ou negócio:* Cultivar habilidades valiosas só é eficaz se você puder aplicá-las no trabalho ou em seu próprio negócio. Explore estratégias para identificar oportunidades de aplicação de suas habilidades, seja buscando projetos desafiadores, assumindo responsabilidades adicionais ou explorando novos empreendimentos.

F. *Networking e colaboração:* Importante é, criar uma rede de contatos profissionais e colaborar com outras pessoas em seu campo de atuação. O networking pode abrir portas para novas oportunidades, compartilhar conhecimentos e experiências, e fornecer insights valiosos para o crescimento de suas habilidades e carreira.

G. *Empreendedorismo e criatividade:* Cultivar habilidades valiosas também envolve empreendedorismo e criatividade. Explore sua criatividade, identifique oportunidades de negócios, desenvolva habilidades empreendedoras e busque formas inovadoras de aplicar suas habilidades para criar valor e aumentar sua renda.

Em resumo, desenvolver habilidades valiosas é crucial para aumentar sua renda e melhorar suas oportunidades financeiras.

Invista em educação, descubra quais habilidades estão em alta demanda no mercado e mantenha-se atualizado. Não esqueça de aplicar essas habilidades no seu trabalho ou negócio.

Construa uma rede de contatos profissionais e colabore com outras pessoas da sua área.

Seja criativo e empreendedor, buscando novas formas de usar suas habilidades para criar valor e ganhar mais dinheiro. Lembre-se de que o aprendizado é contínuo, então esteja sempre disposto a se desenvolver e se tornar a melhor versão de si mesmo. Aproveite essa jornada de crescimento e alcance o sucesso financeiro que você deseja.

6. ***Seja um empreendedor inteligente e procure oportunidades de negócios:***
   O sexto segredo enfatiza o espírito empreendedor e a busca por oportunidades de negócios. Esteja atento a tendências, necessidades do mercado e oportunidades de crescimento. Desenvolva uma mentalidade empreendedora e esteja disposto a assumir riscos calculados para alcançar o sucesso financeiro.

Este princípio fundamental destaca a importância de ser um empreendedor inteligente e estar atento a oportunidades de negócios que possam impulsionar sua prosperidade financeira. Exploremos em como aplicar esse princípio em sua vida diária;

A. *Identificação de necessidades e desejos:* Identifique necessidades e desejos não atendidos no mercado. Observe o ambiente ao seu redor, fazer pesquisas de mercado, ouvir o feedback dos clientes e identificar lacunas que possam ser preenchidas com um novo produto, serviço ou abordagem.

B. *Análise de viabilidade e demanda:* Antes de embarcar em um novo empreendimento, é fundamental realizar uma análise de viabilidade e demanda. Busque orientações sobre como avaliar a viabilidade financeira de uma ideia de negócio, analisar a demanda potencial, identificar o público-alvo e determinar a viabilidade de lucro.

C. *Desenvolvimento de um plano de negócios:* Um plano de negócios bem estruturado é essencial para orientar seus esforços empreendedores. Procure montar elementos-chave para um plano de negócios eficaz, incluindo a definição clara dos objetivos, análise de mercado, estratégia de marketing, estrutura de custos e projeções financeiras.

D. *Busca de parcerias e colaborações:* Leve em conta a importância de buscar parcerias e colaborações estratégicas para impulsionar seus negócios. Identifique parceiros potenciais, estabeleça relacionamentos de confiança, compartilhe recursos e conhecimentos, e aproveite sinergias que possam impulsionar o crescimento e o sucesso do seu empreendimento.

E. *Gerenciamento de riscos e incertezas:* Ser um empreendedor inteligente também envolve gerenciamento de riscos e incertezas. Monte estratégias para identificar e mitigar riscos, desenvolver planos de contingência, estar preparado para enfrentar obstáculos e adaptar-se a mudanças no mercado.

F. *Aprendizado contínuo e atualização:* O mundo dos negócios está em constante evolução, e é essencial estar atualizado com as tendências, tecnologias e melhores práticas do setor. Assim, voltamos a salientar a importância do aprendizado contínuo com participação em eventos, cursos e programas de educação executiva, e estar aberto a novas ideias e abordagens.

G. *Persistência e resiliência:* Ser um empreendedor inteligente requer persistência e resiliência diante dos desafios e obstáculos que surgem ao longo do caminho. Procure desenvolver uma mentalidade empreendedora, superar adversidades, aprender com os fracassos e manter o foco em seus objetivos de longo prazo.

No geral, ser um empreendedor inteligente significa estar atento a oportunidades de negócios e ter a coragem de buscar o sucesso financeiro. Identifique necessidades não atendidas no mercado e analise sua viabilidade.

Crie um plano de negócios sólido, busque parcerias estratégicas e esteja preparado para lidar com os riscos e incertezas.

Mantenha-se atualizado e aprenda continuamente, adaptando-se às mudanças. Seja persistente e resiliente diante dos desafios.

Lembre-se de que ser empreendedor requer esforço, dedicação e aprendizado constante.

Com determinação e uma mentalidade empreendedora, você estará no caminho certo para alcançar o sucesso nos negócios e a prosperidade financeira.

7. ***Aja com prudência e evite decisões financeiras arriscadas:***

   O sétimo segredo destaca a importância de agir com prudência e evitar decisões financeiras arriscadas. Tome decisões fundamentadas, analise os riscos envolvidos e esteja preparado para enfrentar desafios ao longo do caminho. Evite cair em esquemas de enriquecimento rápido e busque uma abordagem equilibrada para construir sua riqueza.

   Este princípio fundamental destaca a importância de agir com prudência e evitar tomar decisões financeiras arriscadas que possam comprometer sua estabilidade financeira. Vejamos as estratégias específicas para ajudá-lo a aplicar esse princípio em sua vida diária;

         A. *Compreensão dos riscos financeiros:* Compreenda os diferentes tipos de riscos financeiros, como o risco de mercado, risco de crédito e risco operacional. Identifique e avalie os riscos associados a diferentes decisões financeiras, como investimentos, empréstimos ou grandes gastos.

         B. *Análise cuidadosa das opções:* Ao tomar decisões financeiras, é fundamental realizar uma análise cuidadosa das opções disponíveis. Busque aconselhamento, até mesmo com o gerente de conta do seu banco, sobre como pesquisar, comparar e avaliar diferentes alternativas financeiras, levando em consideração fatores como retorno potencial, liquidez, custos e riscos envolvidos.

C. *Estabelecimento de uma reserva de emergência:* Uma forma eficaz de agir com prudência é estabelecer uma reserva de emergência para lidar com imprevistos financeiros. Sempre tenha uma reserva de dinheiro suficiente para cobrir despesas inesperadas ou enfrentar períodos de instabilidade financeira.

D. *Diversificação dos investimentos:* Para reduzir os riscos financeiros, é recomendado diversificar os investimentos. Distribua seus investimentos em diferentes classes de ativos, setores e regiões geográficas, a fim de reduzir a exposição a riscos específicos e proteger seu patrimônio.

E. *Busca de aconselhamento financeiro especializado:* Quando confrontado com decisões financeiras importantes, buscar aconselhamento financeiro especializado pode ser uma escolha prudente. Procure profissionais qualificados, como consultores financeiros, para obter orientações imparciais e embasadas na hora de tomar decisões financeiras complexas.

F. *Avaliação do custo-benefício a longo prazo:* Ao tomar decisões financeiras, é crucial considerar o custo-benefício a longo prazo. Avalie os impactos financeiros a longo prazo de diferentes opções e tomar decisões que estejam alinhadas com seus objetivos financeiros de longo prazo.

G. *Aprendizado com experiências passadas:* A prudência financeira também envolve aprender com experiências passadas e evitar repetir erros financeiros. Reflita sobre decisões passadas, identifique áreas de melhoria e aplique esses aprendizados em futuras decisões financeiras.

É fundamental agir com prudência e evitar decisões financeiras arriscadas para garantir sua estabilidade financeira. Entenda os riscos financeiros envolvidos, analise cuidadosamente suas opções e busque conselhos especializados quando necessário.

Estabeleça uma reserva de emergência e diversifique seus investimentos para reduzir os riscos.

Considere o custo-benefício a longo prazo e aprenda com experiências passadas para evitar repetir erros.

Lembre-se de que agir com prudência é essencial para construir uma base sólida para sua prosperidade financeira.

Neste capítulo dedicado aos Sete Segredos da Riqueza, exploramos os princípios fundamentais apresentados no livro "O Homem Mais Rico da Babilônia" e os aplicamos em um contexto prático para alcançar a prosperidade diária.

Cada um desses segredos tem o poder de transformar nossa mentalidade financeira e nos capacitar a tomar decisões inteligentes em relação ao dinheiro.

Ao começar a guardar parte de nossos ganhos, estamos construindo uma base sólida para o sucesso financeiro.

Controlar nossas despesas e evitar dívidas nos permite viver dentro de nossos meios e evitar a armadilha do endividamento excessivo.

Fazendo nosso dinheiro trabalhar para nós, através de investimentos sábios, podemos colher os frutos do crescimento financeiro.

Proteger nossos investimentos e buscar conselhos de profissionais confiáveis é fundamental para evitar erros e maximizar os retornos.

Cultive habilidades valiosas para aumentar sua renda e lhes tornar mais preciosos frente ao mercado de trabalho.

Ser um empreendedor inteligente e estar atento às oportunidades de negócio nos permite expandir nossos horizontes e criar novas fontes de renda.

Por fim, agir com prudência e evitar decisões financeiras arriscadas nos protege de perdas desnecessárias e nos permite preservar o que conquistamos.

Esses sete segredos se complementam e formam um alicerce sólido para a prosperidade financeira, ao aplicar esses princípios em nossa vida diária, podemos transformar nossas finanças e alcançar uma vida de abundância e estabilidade.

Lembrando que o caminho para a riqueza não é uma jornada rápida, mas sim um compromisso contínuo com nossas metas financeiras e uma mentalidade de crescimento.

Com dedicação, disciplina e a aplicação dos segredos compartilhados neste guia, você estará no caminho certo para alcançar a prosperidade diária e criar um futuro financeiro sólido.

Continue aprendendo, adaptando-se e buscando o conhecimento necessário para construir uma vida de riqueza e bem-estar financeiro.

2. Construindo uma Base Sólida: Gerenciando Finanças Pessoais

Neste capítulo, abordaremos a importância de estabelecer uma base financeira sólida para alcançar a prosperidade em todas as áreas da vida.

Vamos agora aos seguintes tópicos:

A. Avaliando a situação financeira atual: Faça uma análise completa da sua situação financeira atual, incluindo renda, despesas, dívidas e patrimônio líquido. Tenha bastante clareza sobre a sua posição financeira atual para poder tomar decisões informadas e traçar metas realistas.

B. Criando um orçamento eficaz: Crie um orçamento que esteja alinhado com seus objetivos financeiros. Monte estratégias práticas para acompanhar e controlar suas despesas, identificar áreas de corte de gastos, estabelecer prioridades financeiras e economizar para alcançar seus objetivos de longo prazo.

C. Eliminando dívidas e evitando armadilhas financeiras: Trabalhe estratégias para lidar com dívidas existentes e evitar cair em armadilhas financeiras. Priorize o pagamento de dívidas de alta taxa de juros, desenvolver um plano de pagamento estruturado e adotar hábitos financeiros saudáveis para evitar o acúmulo de novas dívidas.

D. Estabelecendo uma reserva de emergência: Estabeleça uma reserva de emergência como uma rede de segurança financeira. Aborde estratégias para economizar e estabelecer uma reserva de dinheiro suficiente para lidar com despesas inesperadas ou enfrentar períodos de instabilidade financeira.

E. Protegendo seu patrimônio: Proteja seu patrimônio através de medidas como seguro de vida, seguro de saúde e planejamento sucessório. Avalie suas necessidades de seguro e tome medidas para proteger seus ativos e garantir a segurança financeira da sua família.

F. Estabelecendo metas financeiras claras: Estabeleça metas financeiras claras e mensuráveis para orientar suas ações e manter o foco em seus objetivos de longo prazo. Defina metas realistas, desenvolver um plano de ação e monitorar seu progresso ao longo do tempo.

Ao seguir as orientações e estratégias apresentadas neste capítulo, você estará construindo uma base sólida para gerenciar suas finanças pessoais de forma eficaz, fortalecer sua posição financeira e caminhar em direção à prosperidade diária.

- ***Como avaliar a situação financeira atual:***

Avaliar a situação financeira atual é um passo fundamental para iniciar o processo de construção de uma base sólida para a prosperidade financeira. Aqui estão algumas etapas a serem seguidas:

A. *Coletar informações financeiras:* Reúna todos os seus documentos financeiros, incluindo extratos bancários, extratos de cartão de crédito, faturas, recibos e registros de dívidas. Essas informações fornecerão uma visão geral de suas finanças.

B. *Analisar a renda:* Calcule sua renda mensal total, incluindo salário, renda de investimentos, renda extra e qualquer outra fonte de receita. Identifique também a estabilidade e consistência da sua renda ao longo do tempo.

C. *Avaliar despesas:* Analise suas despesas mensais em diferentes categorias, como moradia, transporte, alimentação, entretenimento e outros gastos essenciais e discricionários. Identifique as áreas em que você gasta mais e menos.

D. *Calcular o patrimônio líquido:* Calcule seu patrimônio líquido subtraindo suas dívidas totais (como empréstimos, hipotecas, dívidas de cartão de crédito) dos seus ativos totais (como dinheiro em conta, investimentos, imóveis, veículos).

E. *Avaliar níveis de dívida:* Analise o montante total de suas dívidas em relação à sua renda e patrimônio líquido. Isso ajudará a determinar se suas dívidas estão em um nível saudável e se você precisa tomar medidas para reduzi-las.

F. *Considerar fluxo de caixa:* Analise seu fluxo de caixa mensal, ou seja, a diferença entre sua renda e suas despesas. Isso ajudará a identificar se você tem um excedente ou déficit financeiro mensal.

G. *Identificar áreas de melhoria:* Com base na análise das suas finanças, identifique áreas em que você pode melhorar, como reduzir despesas desnecessárias, aumentar a renda, pagar dívidas ou aumentar a poupança e os investimentos.

Ao realizar essa avaliação da situação financeira, você obterá uma visão clara da sua posição atual e poderá tomar decisões informadas para melhorar suas finanças pessoais.

A avaliação financeira é um processo contínuo e que é importante revisar regularmente sua situação financeira para acompanhar seu progresso e realizar ajustes conforme necessário.

- **Como criar um orçamento eficaz:**

Criar um orçamento eficaz é essencial para gerenciar suas finanças de forma adequada e alcançar a prosperidade financeira. Vamos a elas;

A. *Calcule sua renda total:* Comece identificando sua renda mensal total, incluindo salários, renda de investimentos, renda extra e qualquer outra fonte de receita. Tenha em mente que é importante considerar a consistência e a estabilidade da sua renda.

B. *Liste suas despesas essenciais:* Identifique todas as suas despesas essenciais, como moradia, transporte, alimentação, serviços públicos e despesas médicas. Essas são as despesas básicas que você precisa pagar todos os meses.

C. *Identifique despesas discricionárias:* Liste todas as suas despesas discricionárias, como entretenimento, restaurantes, compras e outros gastos não essenciais. Essas despesas podem ser ajustadas de acordo com suas prioridades financeiras.

D. *Priorize suas despesas:* Analise suas despesas e identifique aquelas que são realmente importantes para você. Priorize suas despesas essenciais e aloque recursos adequados para cada uma delas. Se houver espaço no seu orçamento, você pode destinar uma quantia para despesas discricionárias.

E. *Estabeleça metas financeiras:* Defina metas financeiras realistas, como economizar para uma emergência, pagar dívidas ou investir em algo específico. Use seu orçamento como uma ferramenta para direcionar seus recursos financeiros para alcançar essas metas.

F. *Monitore e acompanhe seus gastos:* Acompanhe regularmente seus gastos e compare-os com seu orçamento planejado. Isso ajudará você a identificar despesas excessivas e fazer ajustes, se necessário. Existem aplicativos e ferramentas online que podem ajudar nesse processo de monitoramento.

G. *Faça ajustes conforme necessário:* À medida que sua situação financeira muda, faça ajustes no seu orçamento. Se houver aumento ou redução na renda, alterações nas despesas ou novas metas financeiras, adapte seu orçamento de acordo.

Ao criar um orçamento eficaz, você terá uma visão clara das suas finanças, poderá controlar seus gastos, tomar decisões financeiras informadas e trabalhar em direção à prosperidade financeira a longo prazo. A disciplina e a consistência são fundamentais para o sucesso do seu orçamento.

- **Como Eliminar dívidas e evitar armadilhas financeiras:**

Eliminar dívidas e evitar armadilhas financeiras são passos cruciais para alcançar a prosperidade financeira.

Considere as estratégias a seguir;

A. *Avalie suas dívidas:* Comece fazendo um levantamento de todas as suas dívidas, incluindo empréstimos, financiamentos, cartões de crédito e outras formas de débito. Anote o valor total de cada dívida, a taxa de juros associada e os pagamentos mensais.

B. *Priorize suas dívidas:* Identifique as dívidas com as taxas de juros mais altas e priorize o pagamento delas. Essas dívidas geralmente consomem mais recursos financeiros devido aos juros acumulados. Concentre-se em pagá-las o mais rápido possível.

C. *Crie um plano de pagamento:* Desenvolva um plano de pagamento para suas dívidas, definindo metas mensais ou trimestrais. Determine quanto você pode pagar além do pagamento mínimo exigido e aloque esse valor adicional para uma dívida específica. À medida que uma dívida é quitada, redirecione o valor para a próxima dívida na sua lista de prioridades.

D. *Negocie com os credores:* Entre em contato com seus credores e negocie melhores condições de pagamento, como redução de taxas de juros ou planos de pagamento mais flexíveis. Muitas vezes, os credores estão dispostos a chegar a um acordo para receber o valor total da dívida.

E. *Evite contrair novas dívidas:* Durante o processo de eliminação de dívidas, evite contrair novos débitos. Avalie cuidadosamente suas necessidades antes de fazer uma compra e evite o uso excessivo de cartões de crédito. Concentre-se em viver dentro das suas possibilidades financeiras.

F. *Busque educação financeira:* Aprenda sobre finanças pessoais e educação financeira para adquirir habilidades que o ajudem a tomar decisões financeiras mais informadas. Existem muitos recursos disponíveis, como livros, cursos online e seminários, que podem ajudá-lo a melhorar sua compreensão sobre dinheiro e dívidas.

G. *Mantenha-se motivado:* Lembre-se dos benefícios de se livrar das dívidas, como a liberdade financeira, o alívio do estresse e a capacidade de direcionar recursos para objetivos importantes. Mantenha-se motivado e focado em seus esforços para eliminar dívidas.

Livrar-se das dívidas e evitar armadilhas financeiras são etapas essenciais para alcançar a estabilidade financeira.

Comece avaliando suas dívidas e priorize aquelas com taxas de juros mais altas.

Crie um plano de pagamento e negocie com os credores para obter melhores condições.

Evite contrair novas dívidas e concentre-se em viver dentro das suas possibilidades.

Busque educação financeira para tomar decisões mais informadas e mantenha-se motivado, lembrando dos benefícios de se livrar das dívidas.

Lembre-se: sua liberdade financeira está ao seu alcance, e você é capaz de alcançá-la.

- ***Como estabelecer uma reserva de emergência:***

Estabelecer uma reserva de emergência é fundamental para garantir estabilidade financeira e lidar com imprevistos. Vejamos algumas etapas a serem seguidas:

A. *Defina sua meta de reserva:* Determine o valor que você deseja ter como reserva de emergência. Recomenda-se ter de três a seis meses de despesas básicas cobertas. Esse valor pode variar de acordo com sua situação financeira e nível de segurança desejado.

B. *Avalie suas despesas mensais:* Calcule suas despesas mensais, incluindo moradia, alimentação, transporte, contas de serviços públicos e outros gastos essenciais. Multiplique esse valor pela quantidade de meses que você definiu como meta para a reserva de emergência.

C. *Crie um plano de economia:* Determine quanto você pode economizar mensalmente para atingir sua meta de reserva de emergência. Identifique áreas onde é possível reduzir despesas desnecessárias e destine esses recursos para a economia.

D. *Automatize suas economias:* Configure um sistema automático de transferência para uma conta separada destinada à reserva de emergência. Dessa forma, você garante que uma porcentagem do seu salário seja reservada regularmente, sem a tentação de gastá-la.

E. *Faça cortes temporários:* Considere fazer cortes temporários em algumas despesas não essenciais para acelerar o crescimento da sua reserva de emergência. Isso pode incluir reduzir gastos com entretenimento, refeições fora de casa ou compras sem necessidades.

F. *Priorize a reserva de emergência:* Coloque a reserva de emergência como uma prioridade em seu orçamento. Lembre-se de que ela serve como uma rede de segurança financeira em caso de imprevistos, como despesas médicas inesperadas ou perda de emprego.

G. *Evite usar a reserva, exceto em emergências:* Use a reserva de emergência apenas para situações urgentes e imprevistas. Evite gastar o dinheiro reservado para emergências em compras ou despesas desnecessárias.

H. *Reabasteça a reserva após usá-la:* Se você precisar usar em parte ou toda a sua reserva de emergência, faça um plano para reabastecê-la assim que possível. Volte a destinar uma porcentagem do seu orçamento para a reserva até atingir novamente o valor desejado.

Ao seguir essas etapas, você estará estabelecendo uma reserva de emergência sólida e se preparando para enfrentar situações imprevistas com mais tranquilidade financeira.

Lembre-se de que a consistência e a disciplina são fundamentais para atingir sua meta.

- **_Como proteger seu patrimônio:_**

Proteger seu patrimônio é essencial para garantir a segurança financeira a longo prazo. Vejamos algumas orientações sobre como proteger seu patrimônio:

A. _Seguro:_ Avalie suas necessidades de seguro e adquira apólices adequadas. Isso pode incluir seguro de vida, seguro saúde, seguro de propriedade, seguro de automóvel, entre outros. Certifique-se de revisar regularmente suas apólices de seguro para garantir que elas estejam atualizadas e adequadas às suas circunstâncias.

B. _Diversificação de investimentos:_ Evite colocar todos os seus ovos em uma cesta. Diversifique seus investimentos em diferentes classes de ativos, como ações, títulos, imóveis e fundos mútuos. Isso reduzirá o risco de perda significativa em caso de queda em um setor específico.

C. _Planejamento sucessório:_ Considere fazer um planejamento sucessório adequado para proteger seus bens e garantir que sejam transferidos de acordo com seus desejos. Consulte um profissional de planejamento financeiro ou um advogado especializado em planejamento sucessório para ajudá-lo nesse processo.

D. _Proteção legal:_ Esteja ciente das leis e regulamentos que podem afetar seu patrimônio. Consulte um advogado especializado em questões financeiras para garantir que você esteja em conformidade e protegido legalmente.

E. *Estabeleça uma reserva de emergência:* Como mencionado anteriormente, ter uma reserva de emergência adequada ajuda a proteger seu patrimônio. Isso permite que você lide com imprevistos sem ter que recorrer a empréstimos ou vender ativos rapidamente.

F. *Evite dívidas excessivas:* Tome cuidado ao contrair dívidas excessivas, especialmente aquelas com altas taxas de juros. Tenha uma abordagem prudente ao usar o crédito e procure manter um equilíbrio saudável entre suas dívidas e seu patrimônio.

G. *Educação financeira contínua:* Mantenha-se atualizado sobre questões financeiras e busque educação financeira contínua. Isso o ajudará a tomar decisões informadas sobre como proteger e fazer crescer seu patrimônio.

Lembre-se de que proteger seu patrimônio é um esforço contínuo e requer revisões regulares.

Considere buscar orientação profissional de um planejador financeiro ou consultor para ajudá-lo a desenvolver uma estratégia personalizada de proteção de patrimônio, levando em consideração sua situação financeira específica e seus objetivos de longo prazo.

- ***Como estabelecer metas financeiras claras:***

Estabelecer metas financeiras claras é essencial para direcionar suas ações e alcançar a prosperidade. Vejamos como estabelecer metas financeiras eficazes, com alguns simples passos que poderão ajudá-lo nesse processo:

A. *Identifique seus objetivos financeiros:* Comece definindo quais são seus objetivos financeiros de curto, médio e longo prazo. Eles podem incluir comprar uma casa, pagar dívidas, investir em educação, economizar para aposentadoria, viajar ou qualquer outro objetivo que seja importante para você.

B. *Seja específico e mensurável:* Ao estabelecer suas metas, certifique-se de que elas sejam específicas e mensuráveis. Por exemplo, em vez de dizer "quero economizar dinheiro", defina uma meta específica, como "quero economizar R$ 10.000,00 em um ano".

C. *Defina prazos realistas:* Estabeleça prazos realistas para atingir suas metas. Leve em consideração sua situação financeira atual, renda, despesas e outros compromissos. Divida sua meta em etapas menores e defina prazos para cada etapa, o que tornará o objetivo mais alcançável.

D. *Priorize suas metas:* Classifique suas metas por ordem de importância. Foque naquelas que são mais relevantes e urgentes para você. Isso ajudará a direcionar seus esforços e recursos para alcançar essas metas de maneira mais eficaz.

E. *Faça um plano de ação:* Desenvolva um plano detalhado de como você pretende alcançar suas metas financeiras. Identifique as ações específicas que você precisa tomar, os recursos necessários e os prazos para cada etapa do plano.

F. *Acompanhe seu progresso:* Monitore regularmente seu progresso em relação às metas estabelecidas. Faça ajustes quando necessário e celebre suas conquistas ao atingir marcos importantes.

G. *Mantenha-se motivado:* Mantenha-se motivado ao se lembrar dos benefícios em alcançar suas metas financeiras irá trazer para sua vida. Mantenha o foco nos resultados desejados e visualize o sucesso para se manter motivado durante o processo.

H. *Busque apoio e conhecimento:* Busque apoio de pessoas próximas a você, como familiares ou amigos, que *"compartilhem dos mesmos objetivos financeiros"*. Além disso, busque conhecimento financeiro através de livros, cursos ou consultoria para aprimorar suas habilidades e estratégias financeiras.

Recorde-se de que estabelecer metas financeiras claras é apenas o primeiro passo.

É necessário agir de acordo com essas metas, fazer escolhas financeiras prudentes e manter a disciplina ao longo do caminho.

Com dedicação e perseverança, você estará no caminho para alcançar a prosperidade financeira desejada.

Neste capítulo, exploramos a importância de estabelecer uma base financeira sólida para alcançar a prosperidade diária.

Com base nos ensinamentos do livro "O Homem Mais Rico da Babilônia", fornecemos orientações práticas sobre como avaliar sua situação financeira, criar um orçamento eficaz, eliminar dívidas, estabelecer uma reserva de emergência e proteger seu patrimônio.

Ao avaliar sua situação financeira, você obtém clareza sobre sua renda, despesas, dívidas e ativos. Isso permite identificar áreas de melhoria e estabelecer metas realistas para avançar em direção à prosperidade.

Criar um orçamento eficaz é essencial para gerenciar suas finanças de forma inteligente, garantindo que você esteja gastando menos do que ganha e direcionando seus recursos para metas financeiras prioritárias.

A eliminação de dívidas é um passo crucial para construir uma base sólida.

Isso envolve a identificação e o pagamento de dívidas de forma estratégica, evitando armadilhas financeiras e adotando hábitos de consumo responsáveis.

Estabelecer uma reserva de emergência é fundamental para lidar com imprevistos financeiros e garantir estabilidade financeira em tempos difíceis.

Além disso, proteger seu patrimônio é essencial para preservar seu progresso financeiro. Isso inclui a proteção de seus ativos, como propriedades e investimentos, por meio de seguro e outras estratégias de gerenciamento de riscos.

É importante buscar aconselhamento profissional confiável para garantir que você tome decisões financeiras informadas e prudentes.

Ao aplicar esses princípios em sua vida diária, você estará construindo uma base sólida para a prosperidade. Mas tenha sempre em mente que, a jornada para a estabilidade financeira requer comprometimento, disciplina e persistência.

Com o tempo, suas finanças pessoais se fortalecerão e você estará preparado para enfrentar os desafios e aproveitar as oportunidades que surgirem.

Continue aprendendo, adaptando-se e colocando em prática as estratégias compartilhadas neste guia.

Com determinação e ação consistente, você estará no caminho certo para alcançar a prosperidade diária e construir uma base financeira sólida que sustentará seus objetivos e sonhos futuros.

3. Investindo em Si Mesmo: Desenvolvimento de Habilidades e Educação Financeira

Ao investir em si mesmo, você reconhece que seu desenvolvimento pessoal é um ativo valioso.

Isso envolve identificar as habilidades que são relevantes para sua área de atuação e buscar maneiras de aprimorá-las.

O aprendizado contínuo e a busca por novos conhecimentos são essenciais para se manter atualizado e se destacar em um mundo em constante mudança.

No campo financeiro, a educação financeira desempenha um papel fundamental na construção de uma base sólida para a prosperidade.

Isso inclui o entendimento dos conceitos-chave, como orçamento, investimentos, planejamento para a aposentadoria e gestão de riscos.

Ao adquirir conhecimentos nessa área, você estará capacitado a tomar decisões financeiras informadas e estratégicas.

Além disso, exploramos estratégias práticas para investir em si mesmo, como participar de cursos e workshops relevantes, buscar mentores e coachings, e aproveitar recursos educacionais disponíveis, como livros, podcasts e plataformas online.

Essas oportunidades de aprendizado ajudarão a expandir seus horizontes e abrirão portas para novas possibilidades financeiras.

Ao investir em seu desenvolvimento pessoal e educar-se financeiramente, você estará fortalecendo sua base financeira e preparando-se para enfrentar desafios e aproveitar oportunidades, mas lembre-se de que o investimento em si mesmo é um processo contínuo e requer dedicação e compromisso.

Com o conhecimento e as habilidades adquiridas por meio desse investimento, você estará equipado para tomar decisões financeiras mais assertivas, aproveitar oportunidades de crescimento e alcançar a prosperidade diária.

Continue buscando o autodesenvolvimento e o aprendizado, e verá os benefícios em sua jornada para a riqueza e a realização financeira.

Investir em si mesmo e desenvolver habilidades, bem como, adquirir conhecimentos financeiros, desempenha um papel fundamental na busca da prosperidade diária. Vamos explorar com mais detalhes esse importante tema:

A. *Desenvolver habilidades:* Investir em si mesmo significa identificar e aprimorar habilidades que são relevantes para o seu campo de atuação. Isso pode incluir habilidades técnicas, como programação, design gráfico, marketing digital, ou habilidades interpessoais, como comunicação, liderança, negociação. Ao desenvolver essas habilidades, você se torna mais valioso no mercado de trabalho e aumenta suas chances de sucesso financeiro.

B. *Aprendizado contínuo:* O mundo está em constante evolução, e é essencial acompanhar as mudanças e aprender constantemente. Busque oportunidades de aprendizado, como cursos presenciais ou online, workshops, seminários e conferências. Além disso, leia livros, ouça podcasts e assista a palestras relevantes para expandir seus conhecimentos e perspectivas.

C. *Educação financeira:* Entender como o dinheiro funciona e como tomar decisões financeiras inteligentes é crucial para alcançar a prosperidade. Dedique tempo para aprender sobre conceitos financeiros, como orçamento, poupança, investimentos, dívidas e planejamento para a aposentadoria. Existem muitos recursos disponíveis, como livros, vídeos, cursos online e consultores financeiros, que podem ajudá-lo a adquirir o conhecimento necessário.

D. *Investir em recursos educacionais:* Procure por recursos educacionais que sejam relevantes para seus objetivos financeiros. Existem muitos livros, vídeos e podcasts disponíveis que abordam tópicos como empreendedorismo, investimentos, finanças pessoais e desenvolvimento pessoal. Além disso, considere a possibilidade de participar de cursos e workshops específicos para aprimorar suas habilidades financeiras.

E. *Networking e mentoria:* Conectar-se com pessoas que têm experiência e conhecimento na área financeira pode ser extremamente valioso. Busque mentores ou coachings que possam orientá-lo e compartilhar suas experiências e conhecimentos. Além disso, participe de grupos de networking ou associações profissionais relacionadas ao seu campo de interesse para expandir sua rede de contatos e aproveitar oportunidades de aprendizado.

F. *Identifique lacunas:* Ao investir em si mesmo, é importante identificar as lacunas existentes em seu conjunto de habilidades e conhecimentos. Avalie quais áreas precisam ser fortalecidas e aprimoradas para alcançar seus objetivos financeiros. Ao reconhecer essas lacunas, você pode direcionar seus esforços de aprendizado de forma mais eficaz e concentrar-se nas áreas que trarão o maior impacto em sua jornada para a prosperidade.

G. *Autoconfiança e autoestima:* Ao investir em si mesmo, você fortalece sua autoconfiança e autoestima. Ao desenvolver habilidades e conhecimentos, você se sentirá mais seguro em suas capacidades e poderá enfrentar desafios com mais confiança. Isso é essencial para tomar decisões financeiras assertivas, assumir riscos calculados e aproveitar oportunidades que possam impulsionar sua prosperidade diária.

H. *Crescimento pessoal:* Investir em si mesmo não se limita apenas às habilidades e conhecimentos relacionados ao trabalho e às finanças. Também envolve o crescimento pessoal em áreas como inteligência emocional, resiliência, liderança e bem-estar geral. Ao desenvolver esses aspectos, você terá uma base sólida para enfrentar os desafios financeiros e aproveitar ao máximo suas oportunidades.

I. *Persistência e disciplina:* Investir em si mesmo requer persistência e disciplina. O aprendizado e o desenvolvimento pessoal não acontecem da noite para o dia. É necessário comprometimento e dedicação contínuos para obter resultados significativos. Estabeleça metas claras, crie um plano de ação e mantenha-se consistente em seus esforços de autodesenvolvimento.

J. *Benefícios a longo prazo:* Lembre-se de que investir em si mesmo é um investimento para a vida toda. As habilidades, conhecimentos e desenvolvimento pessoal que você adquire ao longo do caminho não apenas contribuirão para sua prosperidade diária, mas também abrirão portas para o crescimento futuro e a realização de metas financeiras maiores.

Investir em si mesmo e buscar educação financeira, é um investimento a longo prazo.

Esses esforços não apenas ajudarão a construir uma base sólida para a prosperidade diária, mas também abrirão portas para oportunidades de crescimento e sucesso financeiro.

Sempre possua o foco em seu autodesenvolvimento, o qual é uma jornada contínua, portanto, esteja aberto a aprender, se adaptar e evoluir ao longo do caminho.

Ao construir sua base sólida por meio do investimento em si mesmo, você estará estabelecendo os alicerces necessários para alcançar a prosperidade diária e realizar seus objetivos financeiros.

Ao se comprometer com o desenvolvimento contínuo, adquirir habilidades valiosas e educar-se financeiramente, você estará fortalecendo seu potencial de sucesso e abrindo caminho para uma vida financeiramente próspera e gratificante.

A aplicação dos conhecimentos adquiridos podem ser sistematizados da seguinte maneira:

A. *Crie um plano de ação:* Desenvolva um plano de ação detalhado para alcançar suas metas financeiras. Identifique as etapas específicas que precisam ser seguidas e estabeleça prazos realistas. Divida o plano em tarefas menores e realize um acompanhamento regular para garantir que você esteja avançando em direção aos seus objetivos.

B. *Utilize sua educação financeira:* Aplique os conceitos e estratégias financeiras aprendidas em seu dia a dia. Gerencie seu orçamento de forma eficaz, economize e invista sabiamente, evite dívidas desnecessárias e tome decisões financeiras fundamentadas. Aplique as técnicas e princípios aprendidos em "O Homem Mais Rico da Babilônia", as quais foram aqui explicadas de forma prática e exemplificadas, para criar uma base sólida para sua prosperidade financeira.

C. *Pratique o controle financeiro:* Coloque em prática os princípios de controle de despesas, poupança e investimento. Acompanhe seus gastos, identifique áreas em que possa economizar e faça escolhas conscientes ao usar seu dinheiro. Ao controlar suas finanças pessoais, você terá recursos disponíveis para investir e criar riqueza a longo prazo.

D. *Busque oportunidades de crescimento e renda:* Aproveite as habilidades que você desenvolveu por meio do investimento em si mesmo para buscar oportunidades de crescimento e renda. Identifique como você pode aplicar suas habilidades e conhecimentos para aumentar sua renda, seja através de promoções no trabalho, negócio próprio, freelancer ou investimentos inteligentes.

E. *Aprenda com os erros e ajuste o curso:* No caminho para o crescimento financeiro, é normal encontrar desafios e cometer erros. A chave é aprender com essas experiências, ajustar o curso e continuar avançando. Esteja aberto a aprender com seus erros financeiros passados e busque aprimorar sua abordagem para tomar decisões mais acertadas no futuro.

F. *Busque orientação e apoio:* Se necessário, busque a orientação de profissionais financeiros confiáveis, como consultores ou mentores, para ajudá-lo a aplicar seus conhecimentos e aconselhá-lo em suas decisões financeiras. Ter o suporte adequado pode aumentar suas chances de sucesso e fornecer insights valiosos para alcançar seus objetivos.

G. *Aprenda constantemente:* O processo de investir em si mesmo e buscar o desenvolvimento de habilidades financeiras não deve ser encerrado após a conclusão deste guia. A educação financeira é um processo contínuo, e é importante estar sempre aberto a aprender e se atualizar sobre novas estratégias, tendências e oportunidades. Leia livros, participe de cursos, assista a palestras e mantenha-se informado sobre as melhores práticas financeiras.

H. *Aja com consistência e disciplina:* A aplicação dos conhecimentos adquiridos requer consistência e disciplina. Estabeleça hábitos financeiros saudáveis e mantenha-se comprometido com suas metas. Faça escolhas conscientes em relação aos seus gastos, economize regularmente e invista de forma consistente. Lembre-se de que pequenas ações diárias podem ter um impacto significativo ao longo do tempo.

l. *Compartilhe seus conhecimentos e inspire os outros:* À medida que você progride em sua jornada de prosperidade financeira, compartilhe seus conhecimentos e experiências com os outros. Inspire as pessoas ao seu redor a também investirem em si mesmas e buscarem uma vida financeira próspera. Compartilhe dicas, recursos e histórias de sucesso para motivar e capacitar os outros a tomarem controle de suas finanças pessoais.

Ao aplicar os conhecimentos adquiridos por meio do investimento em si mesmo, você estará fortalecendo sua capacidade de gerar crescimento financeiro.

Vale a pena lembrar que, o crescimento financeiro não acontece da noite para o dia, mas com persistência, disciplina e aplicação contínua dos princípios aprendidos, você estará construindo uma base sólida para sua prosperidade diária e alcançando seus objetivos financeiros a longo prazo.

Mas lembre-se, em resumo, a aplicação dos princípios do livro "O Homem Mais Rico da Babilônia", que aqui foram simplificados e esmiuçados, em sua vida, exige tempo, esforço e comprometimento.

Este guia prático oferece um ponto de partida para você começar a trilhar o caminho da prosperidade financeira, mas é você quem deve assumir a responsabilidade e colocar em prática o que aprendeu.

Tenha paciência, seja perseverante e confie no processo, pois Deus e a Grande Fraternidade Branca, sempre auxiliam àqueles que buscam, a verdade, o conhecimento e, principalmente, os que desejam crescer/evoluir para auxiliar outros a alcançarem o que conquistaram.

Ao adotar uma mentalidade voltada para o crescimento financeiro e aplicar consistentemente os ensinamentos do livro, você estará construindo uma base sólida em direção à prosperidade diária e ao sucesso financeiro duradouro.

Os resultados não surgirão da noite para o dia, mas com dedicação e perseverança, você estará dando passos significativos em direção a uma vida financeiramente próspera.

Portanto, comprometa-se com suas metas financeiras, mantenha-se disciplinado em suas práticas financeiras diárias e esteja aberto a aprender e crescer continuamente.

Lembre-se de que você tem o poder de moldar seu próprio futuro financeiro e alcançar uma vida de abundância e segurança.

A jornada para a prosperidade diária começa agora, basta você querer.

4. Gerenciando Investimentos: Fazendo seu Dinheiro Trabalhar para Você

Neste capítulo, vamos explorar a importância de gerenciar seus investimentos de forma inteligente para fazer seu dinheiro trabalhar para você. Com base nos princípios do livro "O Homem Mais Rico da Babilônia", vamos discutir estratégias práticas para maximizar o potencial de crescimento de suas economias e garantir um futuro financeiramente próspero;

A. *Compreendendo os diferentes tipos de investimento:* Para começar, é fundamental ter uma compreensão clara dos diferentes tipos de investimentos disponíveis. Desde ações e títulos até imóveis e negócios, cada opção possui suas próprias características e riscos. Explore sempre os prós e contras de cada tipo e como eles podem se adequar aos seus objetivos financeiros.

B. *Definindo objetivos de investimento:* Antes de começar a investir, é essencial definir objetivos claros. Isso envolve identificar o que você deseja alcançar financeiramente, seja a curto prazo, como uma viagem, ou a longo prazo, como aposentadoria. Ao ter metas bem definidas, você poderá selecionar os investimentos mais adequados para alcançá-las.

C. *Diversificação de portfólio:* A diversificação é uma estratégia-chave para gerenciar investimentos com sabedoria. Ao distribuir seus recursos em diferentes classes de ativos e setores, você reduz o risco e aumenta as chances de obter retornos consistentes. Busque a opinião de um especialista na área para lhe ajudar a construir um portfólio diversificado e lhe ensinar como ajustá-lo ao longo do tempo, conforme as suas necessidades.

D. *Análise de risco e retorno:* Antes de tomar decisões de investimento, é fundamental avaliar o equilíbrio entre risco e retorno. Entender a relação entre esses dois fatores ajudará você a tomar decisões mais informadas. Avalie o perfil de risco e busque investimentos que ofereçam um equilíbrio adequado para suas necessidades e tolerância ao risco.

E. *A importância do acompanhamento e ajuste:* Gerenciar investimentos não se resume a tomar decisões iniciais. É igualmente importante acompanhar o desempenho de seus investimentos e fazer ajustes conforme necessário. Revise regularmente seu portfólio e aprenda (busque cursos, palestras, workshops na área) como fazer ajustes com base nas mudanças do mercado e em seus objetivos financeiros em evolução.

F. *Buscando orientação profissional:* Para muitos investidores, buscar orientação profissional pode ser uma escolha sábia. Um consultor financeiro experiente pode ajudar a desenvolver uma estratégia de investimento personalizada, fornecer insights valiosos e oferecer orientação ao longo de sua jornada de investimento. Procure encontrar profissionais confiáveis e aprenda como trabalhar em conjunto para alcançar seus objetivos financeiros.

G. *Conhecendo o mercado financeiro:* É essencial ter um entendimento básico do funcionamento do mercado financeiro. Aprender sobre conceitos como oferta e demanda, flutuações de preços, indicadores econômicos e tendências de mercado ajudará você a tomar decisões mais informadas. Sempre fique de olho em fontes confiáveis de informações e recursos que você pode utilizar para se manter atualizado sobre o mercado financeiro.

H. *Estratégias de investimento:* Explore diferentes estratégias de investimento, como o investimento em valor, investimento em dividendos, investimento em crescimento e investimento passivo. Cada estratégia tem suas próprias características e abordagens, busque saber como aplicá-las de acordo com seus objetivos e perfil de risco.

I. *Avaliando oportunidades de investimento:* Quando se trata de investir, é importante estar atento a oportunidades lucrativas. Analise e avalie investimentos potenciais, considerando fatores como retorno esperado, risco envolvido, histórico de desempenho e perspectivas futuras. Também, é muito importante fazer uma pesquisa minuciosa e buscar aconselhamento profissional antes de tomar decisões de investimento.

J. *Administração de riscos:* Todo investimento envolve algum grau de risco. O mais importante, que se deve ter em mente, quem deseja ver seu capital empregado e lhe dando retorno/resultados, é gerenciar e mitigar riscos em seus investimentos, como diversificação, estabelecimento de limites de perda e uso de instrumentos de proteção, como seguro e opções de venda. Compreender os riscos e adotar medidas adequadas de proteção ajudará a preservar seu patrimônio e minimizar possíveis perdas.

K. *A importância do horizonte de investimento:* Cada investimento possui um horizonte de tempo associado. Considere seu horizonte de investimento ao tomar decisões, levando em conta suas metas financeiras de curto, médio e longo prazo. Importante também manter uma perspectiva de longo prazo ao lidar com flutuações temporárias do mercado.

L. *Monitoramento e ajuste contínuo:* Gerenciar investimentos é um processo contínuo. É essencial acompanhar regularmente o desempenho de seus investimentos, fazer ajustes conforme necessário e estar preparado para aproveitar novas oportunidades que possam surgir. Revise regularmente sua carteira de investimentos e faça ajustes estratégicos para se adaptar a mudanças no mercado e em suas circunstâncias financeiras.

Aplicando as estratégias e princípios aqui discutidos, você estará equipado para gerenciar seus investimentos de forma eficaz e alcançar crescimento financeiro ao longo do tempo.

Vale salientar que investir envolve algum grau de risco, portanto, é importante fazer uma análise cuidadosa, buscar orientação profissional quando necessário e tomar decisões informadas com base em suas metas e circunstâncias individuais.

Retornemos a falar da *"Diversificação"*. É sempre importante abordar estratégias para diversificar e maximizar os retornos financeiros. A diversificação é uma prática fundamental para reduzir os riscos e otimizar os ganhos em seus investimentos, por isso é bom gravar essa palavra em sua mente, garantindo assim, mais segurança e, menos riscos.

Vamos explorar um pouco sobre as diferentes formas de diversificação;

A. *Diversificação de ativos:* A diversificação consiste em distribuir seus investimentos em diferentes classes de ativos, como ações, títulos, imóveis e commodities. Ao diversificar, você reduz a exposição a um único tipo de investimento e se beneficia dos ganhos potenciais de diferentes setores ou mercados.

B. *Diversificação geográfica:* Além da diversificação de ativos, é importante considerar a diversificação geográfica. Investir em diferentes regiões geográficas ajuda a mitigar os riscos associados a uma economia específica e a aproveitar as oportunidades de crescimento em diferentes partes do País ou do mundo.

C. *Diversificação de setores e indústrias:* Dentro de cada classe de ativos, existem diversos setores e indústrias. A diversificação entre esses setores pode ajudar a equilibrar os riscos e aproveitar as oportunidades de crescimento em diferentes segmentos da economia.

D. *Rebalanceamento da carteira:* O rebalanceamento é uma prática importante para manter a diversificação ao longo do tempo. Consiste em ajustar a alocação de ativos na carteira regularmente para garantir que esteja alinhada com seus objetivos e tolerância ao risco.

E. *Aproveitando veículos de investimento diversificados:* Além de investir diretamente em ativos individuais, existem veículos de investimento diversificados, como fundos mútuos, ETFs (Exchange-Traded Funds) e fundos de índice, que oferecem exposição a uma ampla gama de ativos.

Ao implementar estratégias de diversificação, você estará reduzindo o risco de perdas significativas e aumentando as chances de obter retornos consistentes ao longo do tempo.

Cada estratégia de diversificação deve ser adaptada às suas metas financeiras, tolerância ao risco e horizonte de investimento.

Busque sempre informações atualizadas e, se necessário, consulte um profissional financeiro para orientá-lo em suas decisões de investimento.

A diversificação é uma poderosa estratégia para gerenciar investimentos e fazer seu dinheiro trabalhar para você.

Neste capítulo, discutimos a importância de diversificar seus ativos, geografias e setores, além de manter um equilíbrio adequado em sua carteira de investimentos.

Ao diversificar, você acaba reduzindo os riscos associados a um único investimento e amplia suas oportunidades de crescimento.

Essa abordagem inteligente permite que você aproveite as flutuações do mercado, protegendo seu patrimônio de possíveis perdas.

No entanto, é crucial lembrar que a diversificação não é uma fórmula mágica. Ela requer uma análise cuidadosa, pesquisas constantes e ajustes regulares.

Manter-se atualizado sobre as tendências do mercado, acompanhar o desempenho de seus investimentos e buscar orientação profissional quando necessário são passos fundamentais para obter os melhores resultados e, uma segurança maior ainda.

Além disso, o rebalanceamento periódico de sua carteira de investimentos acaba sendo essencial para garantir que ela continue alinhada com seus objetivos e tolerância ao risco.

Através desse processo, você pode realocar recursos de acordo com as mudanças nas condições econômicas e maximizar o potencial de retorno.

Volto a frisar que a diversificação é uma estratégia de longo prazo. Os resultados podem não ser imediatos, mas ao permanecer disciplinado, paciente e comprometido, você estará construindo uma base sólida para a tão desejada prosperidade financeira.

Portanto, esteja disposto a aprender, adapte-se às circunstâncias e faça ajustes conforme necessário. Com o tempo, sua expertise em diversificação de investimentos se fortalecerá, permitindo que você tome decisões mais informadas e colha os benefícios de uma carteira bem equilibrada.

Continue aplicando os princípios aprendidos em "O Homem Mais Rico da Babilônia" e use este guia prático como um auxílio para alcançar a prosperidade financeira.

Lembre-se de que a diversificação é apenas uma das muitas estratégias abordadas neste livro.

Explore e aprofunde seus conhecimentos em outros tópicos, como gerenciamento de finanças pessoais, estabelecimento de metas financeiras e proteção do seu patrimônio.

Ao seguir esses princípios e praticar uma abordagem equilibrada, você estará no caminho certo para alcançar uma prosperidade duradoura e desfrutar dos benefícios de uma vida financeiramente saudável.

Mantenha-se sempre comprometido, seja resiliente diante dos desafios e nunca pare de buscar o crescimento pessoal e financeiro.

Você está no controle do seu próprio destino financeiro. Vá em frente e faça seu dinheiro trabalhar para você!

5. Construindo Relacionamentos de Sucesso: Networking e Oportunidades:

Vamos explorar a importância de construir relacionamentos sólidos e eficazes para impulsionar sua prosperidade diária.

Em todo o mundo e, desde os primórdios da história, quando o homem começou a fazer "trocas", a raiz, onde surgíramos primeiros negócios entre os seres humanos, somente foi possível, por poder o ser humano, se relacionar com outros seres humanos.

Assim, veremos quais são as estratégias práticas para estabelecer conexões significativas, para poder aproveitar as oportunidades que surgem por meio de uma rede de contatos bem desenvolvida, vamos lá?

A. *Crie um perfil online profissional:* Utilize plataformas profissionais, como LinkedIn, para criar um perfil completo e atrativo. Destaque suas habilidades, experiências relevantes e objetivos profissionais. Mantenha seu perfil atualizado e engajado, conectando-se com pessoas do seu setor de interesse.

B. *Participe de eventos e encontros relevantes:* Esteja presente em conferências, seminários e eventos da indústria em que você atua ou tem interesse. Esses eventos oferecem oportunidades para conhecer profissionais influentes, fazer networking e trocar conhecimentos. Esteja aberto para iniciar conversas e fazer perguntas pertinentes.

C. *Seja proativo ao estabelecer conexões:* Não espere que as oportunidades de networking venham até você. Tome a iniciativa de se apresentar, iniciar conversas e fazer perguntas. Demonstre interesse genuíno pelas pessoas com as quais você interage e esteja disposto a compartilhar suas próprias experiências e conhecimentos.

D. *Cultive relacionamentos autênticos:* O networking eficaz envolve construir relacionamentos genuínos e duradouros. Concentre-se em criar conexões baseadas na confiança, respeito e reciprocidade. Esteja disposto a ajudar os outros, oferecendo suporte, compartilhando recursos e fazendo conexões relevantes.

E. *Mantenha contato regularmente:* Não deixe seus relacionamentos de networking esfriarem. Mantenha contato regularmente com suas conexões, seja por meio de encontros presenciais, telefonemas, e-mails ou redes sociais. Lembre-se de enviar mensagens de parabenização em momentos importantes, como promoções ou conquistas profissionais.

F. *Esteja disposto a contribuir:* Ao construir relacionamentos, esteja pronto para oferecer algo de valor. Compartilhe seu conhecimento, participe de grupos de discussão, ofereça-se para ajudar em projetos ou eventos. Ao demonstrar sua disposição em contribuir para a comunidade, você fortalecerá seus laços e ganhará a confiança dos outros.

G. *Seja seletivo e estratégico:* Concentre seus esforços de networking em conexões que sejam relevantes para seus objetivos e interesses profissionais. Seja seletivo ao escolher os eventos a participar e as pessoas com as quais deseja estabelecer conexões mais profundas. Qualidade é mais importante do que quantidade.

Lembre-se de que o networking eficaz requer tempo e consistência. Não espere resultados imediatos, mas esteja comprometido em construir relacionamentos de qualidade ao longo do tempo.

Compreender a importância do networking é fundamental para o sucesso financeiro. Ao cultivar relacionamentos genuínos, você terá acesso a informações valiosas, oportunidades de negócios e suporte mútuo.

Com a prática e a perseverança, você criará uma rede de contatos valiosa que abrirá portas para oportunidades de crescimento pessoal e profissional.

Assim, através do compartilhamento de conhecimentos e experiências, você pode aprender com outras pessoas e expandir seus horizontes.

Qual a importância de ser proativo, autêntico e generoso ao estabelecer conexões?

Ser proativo, autêntico e generoso ao estabelecer conexões é de extrema importância para construir relacionamentos significativos e colher os benefícios do networking.

Aqui estão algumas razões pelas quais essas qualidades são essenciais:

- Ser proativo significa assumir a responsabilidade de iniciar conversas, participar de eventos e buscar oportunidades de conexão. Ao ser proativo, você demonstra interesse e determinação em expandir sua rede de contatos. Você não espera que as oportunidades venham até você, mas busca ativamente maneiras de se conectar com pessoas relevantes para seus objetivos profissionais.

- A autenticidade é fundamental para construir relacionamentos genuínos e duradouros. Ser autêntico significa ser verdadeiro consigo mesmo e com os outros. Ao mostrar quem você realmente é, você atrai pessoas que se identificam com você e compartilham interesses e valores semelhantes. A autenticidade cria conexões mais profundas, baseadas na confiança e na compreensão mútua.

- Ser generoso ao estabelecer conexões envolve estar disposto a ajudar e apoiar os outros. Ao compartilhar seus conhecimentos, oferecer recursos, fazer conexões relevantes ou simplesmente ouvir e oferecer conselhos, você demonstra seu valor e contribui para o crescimento e sucesso dos outros. A generosidade cria uma dinâmica de reciprocidade, onde os outros também estarão dispostos a ajudá-lo quando surgirem oportunidades.

Desta forma, ao ser proativo, autêntico e generoso, você constrói uma reputação positiva e se torna alguém que as pessoas desejam se conectar e colaborar.

Essas qualidades mostram seu comprometimento em construir relacionamentos de qualidade e em contribuir para a comunidade profissional.

Além disso, elas ajudam a estabelecer uma base sólida de confiança e respeito mútuo, o que pode abrir portas para oportunidades de negócios, parcerias, mentoria e crescimento profissional.

O networking eficaz não se trata apenas de obter benefícios para si mesmo, mas também de como você pode agregar valor aos outros.

Como manter e nutrir esses relacionamentos ao longo do tempo, construindo uma rede sólida e confiável?

Não deixe que seus relacionamentos fiquem estagnados. Mantenha contato regular com as pessoas da sua rede por meio de encontros presenciais, chamadas telefônicas, e-mails ou redes sociais.

Demonstre interesse genuíno por elas, suas atividades e conquistas.

Um simples gesto de enviar uma mensagem para parabenizar alguém por uma conquista ou compartilhar um recurso relevante pode fazer uma grande diferença.

Esteja disposto a ajudar as pessoas da sua rede sempre que puder. Ofereça apoio, conselhos ou recursos relevantes quando necessário. Fique atento às necessidades e interesses delas, e pense em maneiras de contribuir para o sucesso delas.

Quando você demonstra ser alguém confiável e útil, as pessoas estarão mais propensas a confiar em você e a retribuir quando surgirem oportunidades.

Demonstre interesse genuíno pelas histórias, experiências e desafios das pessoas da sua rede. Seja um ouvinte atento e ativamente interessado em conhecer suas perspectivas.

Faça perguntas relevantes e mostre empatia. Isso cria uma conexão mais profunda e demonstra que você valoriza o relacionamento.

Participe de eventos, conferências, workshops e grupos de interesse relacionados à sua área de atuação.

Esses locais proporcionam oportunidades de conhecer pessoas novas e fortalecer relacionamentos existentes. Além disso, contribuir ativamente para comunidades online ou grupos profissionais também pode ser uma forma eficaz de construir uma rede sólida.

Fique atento às realizações e marcos importantes alcançados pelas pessoas da sua rede. Parabenize-as e celebre seus sucessos.

Mostrar interesse genuíno pelo crescimento e progresso delas fortalece o relacionamento e cria um senso de apoio mútuo.

A confiança é fundamental para construir uma rede sólida e confiável. Cumpra suas promessas e seja confiável em suas ações e compromissos. Isso inclui entregar o que você prometeu, respeitar prazos e tratar as informações compartilhadas com confidencialidade.

Sempre que possível, expresse gratidão às pessoas que fazem parte da sua rede. Agradeça por sua contribuição, apoio e orientação. Um simples gesto de gratidão pode fortalecer o vínculo e incentivar as pessoas a continuarem colaborando e apoiando você.

Ao adotar essas práticas, você estará fortalecendo seus relacionamentos e criando uma rede valiosa de pessoas com quem pode contar ao longo da sua jornada profissional.

Para identificar e buscar oportunidades, é essencial estar atento ao ambiente ao seu redor, esteja sempre atualizado sobre as tendências, mudanças e inovações na sua área de atuação. Leia livros, artigos, blogs e acompanhe as notícias relevantes.

Participar de cursos, workshops e conferências também pode fornecer insights valiosos e conectar você a pessoas e oportunidades.

Esteja disposto a sair da sua zona de conforto sempre e a explorar novas áreas e atividades. Isso pode envolver assumir projetos desafiadores, participar de grupos de estudo ou colaborar com pessoas de diferentes áreas. Ao ampliar seus horizontes, você aumenta suas chances de encontrar oportunidades inesperadas.

Tenha uma mentalidade voltada para o empreendedorismo, que envolve estar sempre em busca de soluções, identificar problemas e necessidades não atendidas, e estar aberto a criar algo novo. Esteja disposto a assumir riscos calculados e a perseguir oportunidades que possam levar ao crescimento e ao sucesso.

Construa e nutra relacionamentos com pessoas de diferentes áreas e níveis hierárquicos. Isso inclui colegas de trabalho, profissionais da sua área, mentores, palestrantes em eventos, entre outros. Ao construir uma rede, ampla e diversificada, você aumenta suas chances de ser informado sobre oportunidades relevantes.

Aproveite as plataformas online, como redes sociais profissionais e sites de freelancers, para buscar oportunidades e conectar-se com pessoas que possam abrir portas para você. Esteja presente em grupos e fóruns relacionados à sua área de atuação, participe de discussões e compartilhe seu conhecimento. Isso pode atrair oportunidades e abrir caminhos para parcerias ou projetos interessantes.

Identifique os desafios e necessidades do mercado em que você está inserido. Observe as lacunas existentes e pense em como você pode oferecer soluções ou preencher essas lacunas. Esteja atento às demandas emergentes e às mudanças nas preferências do público.

Não espere, quero dizer aqui "NUNCA ESPERE", que as oportunidades apareçam sozinhas. Seja proativo na busca por elas.

Pesquise ativamente por empresas, projetos, eventos e programas que possam oferecer oportunidades alinhadas aos seus objetivos. Esteja disposto a enviar currículos, participar de processos seletivos e demonstrar interesse pelas oportunidades que surgirem.

Através do networking, você terá acesso a novas oportunidades de carreira, investimentos e parcerias estratégicas.

Para estar preparado para aproveitar as oportunidades de maneira inteligente e ética por meio do networking esteja sempre atualizado sobre as tendências, mudanças e inovações relevantes para a sua área de interesse. Este conhecimento o ajudará a identificar oportunidades relevantes e a contribuir de maneira significativa.

Invista no desenvolvimento contínuo de suas habilidades e conhecimentos. Esteja aberto a aprender e a adquirir novas competências que possam ser relevantes para aproveitar as oportunidades que surgirem.

Ao estabelecer conexões e interagir com pessoas por meio do networking, seja autêntico e transparente sobre suas habilidades, experiências e intenções.

Mantenha a honestidade e a integridade em todas as suas interações. Concentre-se em construir relacionamentos de qualidade com as pessoas que você conhece por meio do networking. Busque conexões genuínas e duradouras, baseadas na confiança mútua e no benefício mútuo. Procure oportunidades de colaboração e, apoie os outros em suas metas e projetos.

Esteja atento a oportunidades de parcerias estratégicas que possam impulsionar seu crescimento e sucesso. Avalie cuidadosamente as propostas e certifique-se de que são alinhadas aos seus objetivos e valores.

Estabeleça acordos claros e mutuamente benéficos para garantir uma colaboração eficaz. Nem todas as oportunidades que surgem por meio do networking serão adequadas para você. Esteja sempre disposto a avaliar e filtrar as oportunidades com base em seus objetivos e prioridades.

Concentre-se nas oportunidades que estejam alinhadas com sua visão e que possam agregar valor à sua carreira, investimentos ou projetos.

Esteja pronto para agir quando as oportunidades surgirem. Tenha um plano de ação claro e seja ágil em suas decisões. Esteja disposto a assumir riscos calculados e a aproveitar as oportunidades que se encaixam em sua estratégia.

Ao aproveitar as oportunidades que surgem por meio do networking, lembre-se sempre de agir de maneira ética e respeitosa. Cumpra os acordos estabelecidos, mantenha a confidencialidade quando necessário e evite práticas questionáveis. Sua reputação é um ativo valioso e, é importante preservá-la.

Ao seguir essas diretrizes, você estará preparado para aproveitar as oportunidades de maneira inteligente e ética por meio do networking. A prática do dar e receber é essencial para construir relacionamentos duradouros e significativos.

Portanto, o networking não deve ser encarado apenas como uma atividade ocasional, mas sim como uma prática contínua e estratégica. Ao investir tempo e esforço na construção e manutenção de relacionamentos profissionais, você estará abrindo portas para oportunidades significativas, tanto no presente quanto no futuro.

Casos Ilustrativos:

Para ilustrar como as pessoas podem aplicar os princípios deste Guia, com base no livro "O Homem Mais Rico da Babilônia" em suas vidas diárias e alcançar resultados significativos, aqui estão dois estudos de caso:

- *Estudo de Caso 1: João e sua jornada para a liberdade financeira;*

João era um funcionário comum que vivia com dívidas e lutava para equilibrar suas finanças. Ele decidiu aplicar os princípios do livro em sua vida e começou a guardar parte de seus ganhos regularmente. Ele estabeleceu um orçamento eficaz e controlou suas despesas, evitando assim novas dívidas. Com o tempo, ele conseguiu economizar uma quantia significativa.

Em seguida, João começou a investir seu dinheiro sabiamente, seguindo a orientação de profissionais confiáveis. Ele diversificou seus investimentos, distribuindo-os em diferentes classes de ativos. Com o passar do tempo, seus investimentos começaram a crescer e gerar retornos significativos.

João também cultivou habilidades valiosas em sua área de atuação, o que lhe permitiu aumentar sua renda ao longo do tempo. Ele se tornou um empreendedor inteligente, identificando oportunidades de negócios e aproveitando-as com prudência. Com uma mentalidade voltada para o crescimento e ações prudentes, João conseguiu construir uma base sólida para sua prosperidade financeira.

- *Estudo de Caso 2: Maria e sua jornada para a independência financeira;*
Maria era uma profissional insatisfeita com sua situação financeira. Ela decidiu se dedicar à educação financeira e ler o livro "O Homem Mais Rico da Babilônia" e, assim colocar em prática o que lhe dispomos aqui neste Guia. Maria então começou a aplicar os princípios em sua vida, começando por avaliar sua situação financeira atual.
Ela criou um orçamento eficaz e eliminou dívidas, evitando armadilhas financeiras. Maria estabeleceu uma reserva de emergência para enfrentar imprevistos financeiros e proteger seu patrimônio. Ela definiu metas financeiras claras e trabalhou com afinco para alcançá-las.
Maria também se concentrou em desenvolver habilidades valiosas em sua área profissional. Ela participou de cursos e workshops, expandindo seus conhecimentos e aumentando sua empregabilidade. Maria também aproveitou seu networking para identificar oportunidades de carreira e negócios.
Ao longo de sua jornada, Maria manteve contato com seus contatos, nutrindo relacionamentos sólidos e buscando oportunidades de colaboração. Ela aproveitou as oportunidades que surgiram por

meio de suas conexões e alcançou crescimento financeiro significativo.

Estes estudos de caso ilustrativos nos mostram que a aplicação dos princípios do livro "O Homem Mais Rico da Babilônia", acompanhado desta Guia Prático, pode levar a resultados financeiros significativos. Vamos conhecer mais duas histórias de pessoas que transformaram suas vidas financeiras por meio desses ensinamentos:

- *Irene:* Irene era uma funcionária em tempo integral, mas sempre se viu lutando para pagar as contas e viver confortavelmente. Após ler o livro e o Guia, ela decidiu implementar os princípios da guarda de parte de seus ganhos e investimento sabiamente. Ela começou a economizar uma porcentagem fixa de seu salário todos os meses e pesquisar sobre diferentes opções de investimento. Com o tempo, suas economias cresceram e ela diversificou seus investimentos em diferentes áreas, como ações, imóveis e negócios online. O resultado foi um aumento constante em sua renda passiva, permitindo que ela alcançasse sua independência financeira e desfrutasse de uma vida mais próspera.
- *Pedro:* Pedro sempre sonhou em empreender, mas não sabia por onde começar. Depois de ler o livro e o guia, ele percebeu a importância de cultivar habilidades valiosas e buscar oportunidades de negócio. Ele decidiu investir em seu desenvolvimento pessoal e profissional, fazendo cursos e participando de workshops relacionados à

sua área de interesse. Ao mesmo tempo, ele começou a explorar diferentes oportunidades de negócios, procurando nichos promissores e identificando necessidades não atendidas no mercado. Com determinação e criatividade, Pedro lançou seu próprio negócio online, oferecendo um produto inovador que solucionava um problema específico. O negócio de Pedro prosperou rapidamente, e ele se tornou um empreendedor bem-sucedido, alcançando independência financeira e realizando seu sonho de ter seu próprio negócio.

É importante notar que esses estudos de caso são apenas exemplos fictícios, mas eles refletem a jornada de muitas pessoas que aplicaram os princípios do livro "O Homem Mais Rico da Babilônia" em suas vidas diárias e, agora com este Guia Prático, voltado para os dias atuais, essas histórias nos mostram que a prosperidade financeira não é um resultado do acaso, mas sim uma consequência de escolhas inteligentes e ações consistentes.

Ao aplicar os princípios deste Guia em suas vidas, as pessoas podem experimentar uma transformação significativa em suas finanças. Elas aprendem a guardar parte de seus ganhos, controlar despesas, investir sabiamente, cultivar habilidades valiosas, buscar oportunidades e agir com prudência. Essas estratégias não só ajudam a construir uma base sólida para a prosperidade, mas também proporcionam segurança financeira e liberdade para perseguir seus objetivos.

Além dos estudos de caso mencionados, existem inúmeras histórias de pessoas reais que alcançaram sucesso financeiro seguindo os princípios do livro e, agora com este Guia Prático, você também poderá alcançar, já que aqui lhe ensinamos o caminho das pedras, que muitos tiveram de percorrer para chegar onde chegaram, coisa que você não precisará passar pelos mesmos empecilhos, mas, poderá fazer uso da sabedoria adquirida.

Suas histórias inspiram e demonstram que a prosperidade financeira é alcançável para qualquer pessoa disposta a aprender, se dedicar e agir de acordo com os princípios ensinados.

Portanto, lembre-se de que a aplicação dos princípios do livro e deste Guia, requer comprometimento e perseverança. Esteja disposto a fazer mudanças em seus hábitos financeiros, a buscar conhecimento e a tomar medidas consistentes em direção aos seus objetivos.

À medida que você se empenha em aplicar esses princípios em sua vida diária, lembre-se desses estudos de caso e das histórias de sucesso para se inspirar e continuar no caminho da prosperidade financeira.

Com determinação, disciplina e uma mentalidade voltada para o crescimento, você estará construindo um futuro financeiro sólido e alcançando a prosperidade diária que tanto deseja.

Esses estudos de caso ilustram como indivíduos comuns podem aplicar os princípios do livro "O Homem Mais Rico da Babilônia" em suas vidas diárias e alcançar resultados positivos. Suas histórias destacam a importância de guardar parte dos ganhos, controlar despesas, investir sabiamente, cultivar habilidades valiosas, buscar oportunidades e agir com prudência.

Essas ações consistentes ao longo do tempo podem levar à prosperidade financeira e à conquista da liberdade e independência financeira.

Agora, vamos explorar alguns exemplos práticos de como aplicar as estratégias apresentadas no livro "O Homem Mais Rico da Babilônia" em diferentes situações financeiras:

A. **Situação:** *Reduzir dívidas e controlar despesas. Estratégias:*

- Identifique todas as suas dívidas e faça um plano para pagá-las gradualmente, começando pelas dívidas com juros mais altos.
- Crie um orçamento detalhado, listando todas as suas despesas mensais e classificando-as em essenciais e não essenciais.
- Encontre maneiras de reduzir as despesas não essenciais, como cortar assinaturas desnecessárias ou encontrar alternativas mais econômicas.
- Considere a possibilidade de gerar uma renda adicional através de freelancing ou trabalho em meio período para acelerar o pagamento de dívidas.

B. **Situação:** *Construir uma reserva de emergência. Estratégias:*

o Determine um valor que você deseja ter como reserva de emergência (geralmente de 3 a 6 meses de despesas) e estabeleça uma meta realista para alcançá-lo.

o Crie uma conta separada para a reserva de emergência e automatize as transferências mensais para essa conta.

o Busque maneiras de economizar mais dinheiro para aumentar sua reserva de emergência, como reduzir despesas desnecessárias ou encontrar formas de aumentar sua renda.

o Evite usar a reserva de emergência para gastos não essenciais, a menos que seja uma situação de extrema necessidade.

C. **Situação:** *Investir sabiamente. Estratégias:*

o Faça uma pesquisa detalhada sobre diferentes tipos de investimentos, como ações, títulos, imóveis e fundos de investimento.

o Considere diversificar seus investimentos para reduzir riscos, distribuindo seu dinheiro em diferentes classes de ativos.

o Busque orientação de profissionais confiáveis, como consultores financeiros, para tomar decisões informadas.

o Acompanhe regularmente o desempenho de seus investimentos e faça ajustes conforme necessário.

D. **Situação:** *Aumentar a renda através do desenvolvimento de habilidades. Estratégias:*
o Identifique as habilidades que são valorizadas no mercado e que estão alinhadas com seus interesses e talentos.
o Invista em cursos, treinamentos ou workshops para aprimorar essas habilidades.
o Considere trabalhar em projetos paralelos ou freelancing's para aplicar suas habilidades e gerar uma renda adicional.
o Esteja aberto a oportunidades de aprendizado contínuo e atualização de habilidades para se manter relevante no mercado.

E. **Situação:** *Iniciar um negócio próprio. Estratégias:*
o Identifique uma oportunidade de negócio com base em suas habilidades, paixões e demandas do mercado.
o Desenvolva um plano de negócios detalhado, incluindo análise de mercado, estratégias de marketing, projeções financeiras e plano de ação.

o Busque aconselhamento de profissionais experientes ou mentores na área em que deseja empreender.

o Faça uma gestão financeira eficiente, controlando cuidadosamente os custos, reinvestindo os lucros e buscando formas de expandir seu negócio.

F. **Situação:** *Planejamento para a aposentadoria. Estratégias:*

o Calcule suas necessidades financeiras na aposentadoria considerando despesas básicas, estilo de vida desejado e inflação.

o Comece a investir em um plano de previdência complementar ou em outras opções de investimento de longo prazo.

o Busque diversificar suas fontes de renda na aposentadoria, explorando investimentos imobiliários, ações ou negócios adicionais.

o Acompanhe regularmente seu progresso em relação às metas de aposentadoria e faça ajustes se necessário.

G. **Situação:** *Lidar com dívidas e construir um histórico de crédito sólido. Estratégias:*

o Priorize o pagamento de dívidas com juros mais altos e evite fazer novas dívidas desnecessárias.

- o Estabeleça um plano de pagamento estruturado, fazendo pagamentos regulares e consistentes.
- o Procure maneiras de renegociar dívidas existentes com credores, buscando redução de juros ou condições de pagamento mais favoráveis.
- o Mantenha um bom histórico de crédito, pagando suas contas em dia e mantendo baixos saldos de crédito utilizados em relação aos limites disponíveis.

H. Situação: *Enfrentando dificuldades financeiras inesperadas. Estratégias:*

- o Avalie sua situação financeira atual e identifique áreas em que possa reduzir despesas.
- o Crie um plano de emergência para lidar com despesas urgentes, como economizar em outras áreas ou buscar fontes alternativas de renda temporária.
- o Busque orientação financeira profissional para obter conselhos sobre como reestruturar suas dívidas ou renegociar pagamentos.
- o Busque oportunidades de aprendizado e desenvolvimento para aumentar suas habilidades e melhorar suas perspectivas de emprego ou empreendedorismo.
- o Mantenha uma mentalidade positiva e focada em soluções, buscando alternativas e

oportunidades mesmo durante períodos desafiadores.

I. **Situação:** *Planejamento para a educação dos filhos. Estratégias:*
o Comece a economizar o quanto antes, estabelecendo um plano de poupança específico para a educação dos filhos.
o Considere opções de investimento de longo prazo, como planos de previdência educacional ou contas de investimento específicas para a educação.
o Explore bolsas de estudo, subsídios e outras formas de assistência financeira disponíveis para reduzir os custos da educação.
o Ensine seus filhos sobre educação financeira desde cedo, incentivando o hábito de economizar e tomar decisões financeiras responsáveis, até porque, isto deveria ser uma matéria essencial nas grades curriculares de nossas escolas.
o Esteja preparado para ajustar seu plano de acordo com as necessidades em constante evolução de seus filhos e as mudanças nas circunstâncias financeiras.

Esses exemplos adicionais mostram como as estratégias do livro podem ser aplicadas em diversas situações financeiras, desde iniciar um negócio próprio até lidar com dificuldades financeiras inesperadas ou planejar para a educação dos filhos.

A chave para o sucesso é adaptar essas estratégias à sua situação específica e tomar ações consistentes ao longo do tempo.

Ao fazer isso, você estará fortalecendo suas habilidades financeiras, construindo um futuro financeiro mais seguro e criando oportunidades para alcançar seus objetivos financeiros.

Concluindo:

Durante este guia prático para a prosperidade diária, baseado no livro "O Homem Mais Rico da Babilônia", exploramos diversos princípios e estratégias para alcançar o sucesso financeiro. Recapitulando os principais pontos abordados:

A. **Construindo uma Base Sólida:** *Gerenciando Finanças Pessoais;*
- o Avalie sua situação financeira atual.
- o Crie um orçamento eficaz.
- o Elimine dívidas e evite armadilhas financeiras.
- o Estabeleça uma reserva de emergência.
- o Proteja seu patrimônio.
- o Estabeleça metas financeiras claras.

B. Investindo em Si Mesmo: *Desenvolvimento de Habilidades e Educação Financeira;*

o Invista em sua educação e desenvolva habilidades valiosas.

o Aplique os conhecimentos adquiridos para alcançar crescimento financeiro.

o Esteja preparado para aproveitar oportunidades de maneira inteligente e ética.

C. **Gerenciando Investimentos:** *Fazendo seu Dinheiro Trabalhar para Você;*

o Diversifique e maximize os retornos financeiros.

o Conheça e entenda diferentes opções de investimento.

o Proteja seus investimentos e busque conselhos de profissionais confiáveis.

D. **Construindo Relacionamentos de Sucesso:** *Networking e Oportunidades;*

o Compreenda a importância do networking.

o Seja proativo, autêntico e generoso ao estabelecer conexões.

o Mantenha e nutra relacionamentos ao longo do tempo.

o Identifique e busque oportunidades por meio de sua rede de contatos.

E. Aproveitando as Oportunidades para Avançar Financeiramente:

o Esteja preparado para aproveitar as oportunidades que surgem por meio do networking e das conexões estabelecidas.

o Avalie as oportunidades com critérios inteligentes e éticos.

o Tome decisões financeiras prudentes, evitando riscos desnecessários.

F. Estudos de Caso Ilustrativos:

o Analisamos casos reais de pessoas que aplicaram os princípios do livro em suas vidas diárias.

o Esses estudos de caso demonstram como esses princípios podem levar a resultados significativos, como o crescimento financeiro, a construção de patrimônio e a conquista da liberdade financeira.

G. Exemplos Práticos de Aplicação das Estratégias:

o Foram apresentados exemplos práticos de como aplicar as estratégias em diferentes situações financeiras.

o Esses exemplos abrangem desde a gestão de finanças pessoais até a tomada de decisões de investimento e o aproveitamento de oportunidades.

Essa recapitulação destaca a abrangência e a aplicabilidade das estratégias apresentadas neste Guia Prático.

Ao colocar esses princípios em ação em sua vida diária, você estará construindo uma base sólida para a prosperidade financeira. Lembre-se de que a persistência, o comprometimento e a disciplina são fundamentais ao implementar essas estratégias.

Com dedicação e esforço contínuo, você estará no caminho para alcançar seus objetivos financeiros e desfrutar de uma vida próspera e abundante.

Carta ao Leitor:

Caro leitor,

Ao longo deste guia prático, exploramos os ensinamentos do livro "O Homem Mais Rico da Babilônia" e os adaptamos para a aplicação em sua vida diária.

Abordamos princípios fundamentais para a prosperidade financeira e compartilhamos estratégias práticas para alcançar o crescimento e o sucesso financeiro.

Agora, é o momento de você assumir o controle de sua vida financeira e colocar em prática tudo o que aprendeu. Lembre-se de que a mudança real só ocorre quando você toma ações consistentes e persistentes.

Portanto, encorajamos você a implementar os ensinamentos deste guia em seu dia a dia, com determinação e comprometimento.

Comece guardando parte de seus ganhos, não é necessário se sacrificar também, guarde conforme seu orçamento lhe permitir, mas comece, este é o primeiro passo.

Controle suas despesas, faça seu dinheiro trabalhar para você por meio de investimentos inteligentes e proteja seu patrimônio com conselhos de profissionais confiáveis.

Cultive habilidades valiosas, busque oportunidades de negócios e tome decisões financeiras prudentes. Além disso, desenvolva um networking sólido e aproveite as oportunidades que surgirem em sua jornada.

Lembrando que o progresso financeiro não acontece da noite para o dia. Requer paciência, persistência e disciplina. Ao aplicar consistentemente os princípios deste guia em sua vida, você estará construindo uma base sólida para a prosperidade e o sucesso financeiro duradouros.

Acredite em si mesmo, confie no processo e mantenha-se focado em seus objetivos financeiros. Com determinação e uma mentalidade voltada para o crescimento, você pode conquistar a prosperidade diária que deseja.

Esteja aberto a aprender, adaptar-se e crescer continuamente.

Desejamos a você todo o sucesso em sua jornada para a prosperidade financeira. Lembre-se de que você tem o poder de criar a vida financeira que deseja.

Aproveite os ensinamentos deste guia e comece a transformar suas finanças e sua vida hoje mesmo.

Parabéns por ter acompanhado este guia prático e ter adquirido conhecimentos valiosos para sua prosperidade financeira, meu maior desejo é vê-lo próspero e feliz.

Agora que você está equipado com essas informações, gostaríamos de fazer um convite especial a você.

O convite é para que você se comprometa com o autodesenvolvimento contínuo. Aprenda sobre finanças pessoais e comece a buscar a prosperidade financeira, a qual, é um processo contínuo, e nunca se pode subestimar o poder do conhecimento e do crescimento pessoal.

Nós o convidamos a continuar buscando conhecimento na área financeira, explorando outros livros, cursos, seminários e recursos disponíveis.

Mantenha-se atualizado sobre as tendências do mercado, estratégias de investimento e habilidades valiosas para o sucesso financeiro.

Além disso, incentivamos você a compartilhar o que aprendeu com outras pessoas. Compartilhar conhecimento é uma forma poderosa de ajudar os outros a alcançarem suas próprias metas financeiras e construírem um futuro próspero.

Lembre-se de que a jornada para a prosperidade financeira é única para cada indivíduo, e cada passo que você der em direção ao autodesenvolvimento o aproximará ainda mais de seus objetivos.

Portanto, aceite este convite para buscar o autodesenvolvimento contínuo e se comprometer com sua própria jornada para a prosperidade financeira. Aproveite todas as oportunidades de aprendizado que surgirem e continue crescendo em conhecimento e habilidades.

Estou confiante de que você tem o potencial de alcançar grandes conquistas em sua vida financeira. Esteja aberto para o aprendizado, seja resiliente diante dos desafios e mantenha sempre a determinação em seu coração.

Desejamos-lhe sucesso contínuo em sua busca pela prosperidade financeira e crescimento pessoal.

Estou na torcida por você!

Com os melhores votos de Conquistas e Prosperidade.

Atenciosamente,

Eu Sou Willian Bouviet.